SOUVENIRS DE VOYAGE

CÉPHALONIE

NAXIE

ET

TERRE-NEUVE

PAR

LE COMTE DE GOBINEAU

LE MOUCHOIR ROUGE
AKRIVIE PHRANGOPOULO
LA CHASSE AU CARIBOU

PARIS

HENRI PLON, IMPRIMEUR-ÉDITEUR

RUE GARANCIÈRE, 10

M DCCC LXXII

Tous droits réservés.

SOUVENIRS DE VOYAGE

CÉPHALONIE

NAXIE

ET

TERRE-NEUVE

L'auteur et l'éditeur déclarent réserver leurs droits de traduction et de reproduction à l'étranger.

Ce volume a été déposé au ministère de l'intérieur (section de la librairie) en juillet 1872.

Paris. — Typographie Henri Plon, rue Garancière, 8.

SOUVENIRS DE VOYAGE

CÉPHALONIE
NAXIE
ET
TERRE-NEUVE

PAR

LE COMTE DE GOBINEAU

LE MOUCHOIR ROUGE
AKRIVIE PHRANGOPOULO
LA CHASSE AU CARIBOU

PARIS
HENRI PLON, IMPRIMEUR-ÉDITEUR
RUE GARANCIÈRE, 10

M DCCC LXXII
Tous droits réservés.

LE MOUCHOIR ROUGE.

Céphalonie est une île charmante. Je pourrais vous rappeler ce qu'en dit Homère, mais son héros n'ayant aucune relation avec Sophie, je ferai tout aussi bien de glisser sur l'opinion de l'auteur de l'Odyssée. Les Vénitiens s'étaient rendus maîtres de ce pays-là de toutes les manières. Ils y avaient apporté leurs lois et implanté leurs mœurs, qui n'en sont plus sorties, vivaces de telle sorte qu'elles ont survécu à la domination de Saint-Marc. Quand on se promène dans la rue principale d'Argostoli, on ne manque pas de remarquer des maisons où le style de Palladio a été reproduit de cinquième ou sixième main par un élève architecte peu maladroit; et bien que les arcades n'aient pas la majesté des grandes arcades ouvertes au rez-de-chaussée du palais Mocenigo ou du palais Vanier, bien que les fenêtres à grands cintres, couronnées de guirlandes massives, n'aient pas tout à fait l'air somptueux de leurs modèles sur le canal Grande, bien que, surtout, les édifices que l'on contemple manquent de largeur et d'ampleur, possédant rarement plus d'un étage, encore est-il que l'on retrouve là un souvenir vivant et juste, quoique rapetissé, de l'ancienne souveraine de l'Adriatique. Perpendiculairement à cette rue que je décris et dont la chaussée est rayée à l'italienne de deux larges lignes de dalles, s'ouvrent des ruelles étroites, obscures, assez mystérieuses, serpentantes, qui ne sont pas moins caractéristiques que la voie tout ouverte et toute droite à laquelle elles aboutissent; celle-ci représente l'élégance et la gaieté italiennes, les autres en figurent l'astuce et les dangereuses réserves.

Dans la grande rue, au coin d'une des ruelles, existe un hôtel, un des plus beaux de la ville. Il appartient, comme il a toujours appartenu, à la famille des comtes Lanza, une des plus illustres maisons de l'île. Je ne crois pas qu'elle soit fort ancienne; tout est neuf dans ce vieux pays; mais vers la fin du dix-septième siècle, un certain Michel Lanza, le héros de sa race, fut anobli par un décret du grand conseil, et même créé chevalier de Saint-Marc; il donna naissance à une lignée d'avocats et de médecins redoublés, qui s'appelèrent à tout jamais les comtes Lanza, firent fortune, se signalèrent par une avarice sordide, prêtèrent leur argent à gros intérêts aux bourgeois, aux ouvriers, aux paysans frappés de respect, et prirent rang, de l'aveu général, parmi les cinq ou six maisons citées comme les plus respectables et les plus illustres des îles vénitiennes. Tant que la République régna, ces seigneurs, médecins et avocats, furent toujours des premiers admis à la table des provéditeurs, quand ces dignitaires donnaient à souper; les capitaines des galères se faisaient un honneur de les inviter à leurs fêtes navales; il ne se jouait pas une partie de pharaon en bonne compagnie qu'ils n'en fussent priés; quant à eux, de mémoire d'homme, ils ne donnèrent jamais un verre d'eau à qui que ce soit, ce qui confirma leur réputation méritée de patriciens prudents et avisés.

Quand le dernier doge se fut décoiffé de la corne ducale et que les îles Ioniennes ne surent plus à qui se rendre, le comte Jérôme Lanza devint le point de mire des espérances de ses compatriotes. Tout le monde se tourna vers lui dans l'attente de ce qu'il allait faire, et la patrie effarée sollicita ses conseils. Il ne trompa pas les espérances. Le front grave, la bouche serrée, il lui arriva de hocher la tête d'un air composé qui donna beaucoup à réfléchir. Il fut dévoué aux Français, très-dévoué aux Russes, extrêmement dévoué aux Anglais, et professa toujours hautement l'opinion que la domination qui précédait celle sous laquelle il parlait avait été désastreuse et bien heureusement remplacée. Les pouvoirs successifs le considérèrent comme un homme sûr et comme un grand citoyen ; il avait reçu la croix de la Légion d'honneur de l'empereur Napoléon Ier ; il devait à l'estime de l'empereur Alexandre la croix de Sainte-Anne, et la reine Victoria jugea que c'était honorer la croix de Saint-Georges que de la lui offrir. Il l'accepta avec une modeste fierté. Du reste, il était de mœurs simples, et allait dans les rues en habit noir râpé, en cravate d'un blanc douteux, quelquefois en pantoufles, fidèle en cela au laisser-aller italien, et toujours sans le moindre ruban à sa boutonnière. On lui en savait gré.

Le comte Jérôme Lanza avait au fond du cœur des passions fortes, et s'il était, en réalité, assez indifférent aux affaires des autres, il ne l'était nullement, tant s'en faut, à ses intérêts, ses plaisirs et ses affections. Peu de semaines après son retour de Padoue, où il avait reçu ses degrés et pris ses licences, il avait rencontré chez une de ses cousines, une nouvelle mariée, la comtesse Palazzi, dont la première vue le frappa singulièrement. Ce fut le coup de foudre dont les gens qui raisonnent sur l'amour ont tant parlé. Lanza était, à cette époque, fort agréable, causait bien, chantait avec plus de goût naturel que de savoir, en somme semblait tout à fait digne de plaire, et il plut. Un an s'écoula à peine, et madame Palazzi venait d'avoir son premier enfant que, devenu l'ami intime de l'époux, il se trouva installé dans tous les droits, devoirs, prérogatives, jouissances, immunités et douceurs d'un état qui devait durer sa vie entière. Dans ce côté de son existence, il porta un dévouement qui dépassa l'ordinaire. Il ne voulut jamais se marier, il paya deux fois les dettes de Palazzi, qui se laissa successivement égarer par une cantatrice et par une certaine miss Julia Boyle, venue à Céphalonie sur le même navire que l'état-major du 84ᵉ des highlanders, circonstance extraordinaire due à des malheurs de famille, comme l'expliquait ce pauvre Denys Palazzi, qui ne douta des mérites et des vertus de sa Julia que lorsqu'il eut rencontré une dame de Paris; celle-ci lui fit faire du chemin. Jérôme Lanza montra dans ces occasions une douceur et une patience égales à sa générosité. Il ne s'emporta jamais contre son ami et se chargea même du fils premier-né, Spiridion, charmant jeune homme, qui, avec le temps, devint l'accessoire indispensable du principal café d'Argostoli, d'où il ne bougeait, et où l'on pouvait le trouver à toute heure en face d'une tasse de café ou d'un verre d'eau. Mais la favorite avouée du comte Jérôme, c'était Sophie Palazzi, de deux ans plus jeune que son frère. Chacun savait dans la ville que son parrain ne s'était pas marié en grande partie à cause d'elle, et on la considérait comme son héritière assurée, ce qui n'était pas sans rehausser sensiblement l'éclat de ses perfections aux yeux des gens raisonnables.

La mère de cette jeune merveille, madame Palazzi, avait été très-belle, un peu grasse, un peu lourde, des yeux de gazelle plus doux que vifs et plus vifs qu'intelligents ; mais en somme tout cela constituait une grande beauté à la manière méridionale, et le comte Jérôme n'avait pas eu tort. L'étroite union de ces deux personnes paraissait des plus heureuses. Toutefois, les mauvaises langues assuraient que ce ciel n'était pas, non plus que les autres, exempt d'orages. Il est certain que vers 1825, après de longues années déjà de la plus belle passion de la part des deux amants, les curieux avaient constaté certains faits, dont on ne parlait d'ailleurs qu'avec beaucoup de prudence, et qui, dégagés des exagérations, se réduisaient à peu près à ceci :

Il était arrivé de Paris un jeune homme de l'île, qui venait d'y terminer son éducation. C'était un fort beau garçon ; on le nommait le comte César Tsalla ; ne vous étonnez pas de tous ces comtes : soit dit en passant, les Vénitiens en avaient peuplé leurs territoires ioniens. Le comte César avait été formé par une société choisie de ces dames aimables qui accueillaient si bien la jeunesse étrangère à la Grande-Chaumière et ailleurs. Il avait été fort distingué par des personnes sensibles et avait conçu de lui-même une assez bonne opinion. Madame Palazzi lui parut charmante; il ne vit aucune raison de le lui cacher; Jérôme Lanza en témoigna un peu d'humeur; César n'en devint que plus insistant; madame Palazzi ne laissait pas que de rougir quand elle le rencontrait; était-ce de plaisir, était-ce d'impatience? C'est ce qu'il serait assez difficile de décider, et peut-être serait-il arrivé de grands troubles dans la maison de Denys Palazzi, qui lui-même commençait à regarder un peu de travers la nouvelle connaissance de sa femme, si tout à coup, subitement, et sans que l'on pût savoir ni comment, ni pourquoi, le beau César disparut.

On s'en étonna. Les Vénitiens étaient gens contenus et prudents, et les descendants de leurs anciens sujets le sont de même. On fit des observations, mais sous la couverture. Personne ne s'avisa d'aller interroger Jérôme Lanza, dont la physionomie avait repris la plus grande sérénité. On sut d'ailleurs que le comte Tsalla était à Pétersbourg, où il avait pris du service dans les chevaliers-gardes. Cette nouvelle fit beaucoup rire Palazzi, quand on lui en parla au café, et il bouffonna si bel et si bien sur ce sujet, que tous les soupçons revinrent. Ils augmentèrent davantage quand on fit courir le bruit qu'un certain Apostolaki, grand gaillard redouté, qui n'avait d'autre profession que d'accompagner de loin le comte Jérôme dans ses promenades et de dormir dans sa cour après avoir soupé à sa cuisine, s'était vanté au cabaret d'avoir fait un coup d'autant plus beau que personne n'en saurait jamais rien. Des lettres de Pétersbourg apprirent à qui voulut l'entendre que le comte César n'avait jamais paru dans cette capitale, à plus forte raison que les chevaliers-gardes ne le possédaient pas dans leurs rangs. A force de chuchoter entre Céphaloniotes, on finit par admettre quelques Anglais dans la confidence; d'ailleurs Jérôme Lanza, comme tous les grands hommes, n'était pas sans compter des ennemis secrets, et finalement, un beau matin, le comte fut invité par le commissaire britannique à venir lui parler.

Les Européens apportent dans leurs affaires une précision qui a toujours paru souverainement ridicule, grossière et répugnante aux Orientaux, et il faut avouer que rien n'est plus désagréable que certaines questions. Cependant le comte Jérôme se tira parfaitement de l'indiscrète insistance du général. Il repoussa avec l'indignation qui convenait à un homme de sa naissance les soupçons odieux jetés sur sa moralité; il défia qu'on pût lui présenter aucune preuve, et en effet il n'y en avait pas; il parla avec émotion de sa vie consacrée tout entière à faire le bien, et rappela délicatement le dévouement sans bornes dont il avait donné tant de marques au trône de la Grande-Bretagne et d'Irlande. Il conclut, dans une péroraison véhémente, en faisant observer à son grave interlocuteur que ceux qui prétendaient noircir sa réputation appartenaient tous à ce détestable parti d'anarchistes et de démagogues, si répandu alors dans toute l'Europe et qui tendait visiblement, dans les îles Ioniennes, à ébranler l'autorité légitime du lord haut-commissaire. Soit que le fonctionnaire anglais ait été sensible à ce cri de l'honneur méconnu, soit, ce qui est beaucoup plus probable, que, dans l'absence de preuves, il ait été étourdi par les déclamations, les attendrissements, les indignations et le flux de paroles du comte Jérôme, il est sûr qu'il lui serra la main avec effusion, et l'invita à dîner pour le jour même. Quant à Jérôme, il déploya une grandeur d'âme qui lui gagna tous les cœurs. Il fit remettre dix thalaris à une parente éloignée du comte César, dont la position était fort misérable. Il n'en est pas moins vrai qu'on ne sut jamais ce qu'était devenu le trop aimable jeune homme. La comtesse Caroline Palazzi resta tout aussi placide qu'auparavant, commença à engraisser, devint très-grosse en peu d'années, et persista dans un attachement imperturbable pour le comte Lanza, dont on prétendait qu'elle avait un peu peur.

En 1835, les charmes de cette belle, absolument noyés dans les exagérations d'une santé exubérante, n'existaient plus qu'en souvenir dans l'âme fidèle de son heureux amant; mais Sophie était devenue adorable, et une Vénus antique n'était pas mieux faite. Elle avait les yeux de sa mère avec le feu sombre qui manquait à ceux-là; beaucoup de calme, mais quelque chose sous son silence; un nez aquilin, qui avec le temps devint un peu trop courbé, mais dont on était contraint d'admirer la noblesse; des pieds, des mains à faire crier au miracle, et des dents comme deux fils de perles. Sa mère la regardait avec assez de complaisance; son père Palazzi empruntait de l'argent à Jérôme pour être en état de ne lui rien refuser, et Jérôme, son parrain, restait en contemplation devant elle pendant des heures entières, livré à une sorte d'adoration extatique.

Cette félicité était de nature à se prolonger éternellement, quand un accident vint la troubler. Toute la bonne compagnie d'Argostoli et les officiers anglais fréquentaient le salon de la comtesse Palazzi. Chaque soir on y faisait le whist, et quelquefois les jeunes gens y dansaient; d'autres fois encore ils y jouaient à une quantité de jeux innocents, où l'on se parle bas à l'oreille, et d'ordinaire l'hiver ne finissait pas sans quelques mariages. Un soir, Jérôme Lanza était particulièrement de bonne humeur, presque gai ; il venait d'avancer à trois lieutenants leur solde du mois ; on était au 24, et naturellement c'était un acte d'obligeance dont il se savait gré. Il l'accomplissait souvent ; la garnison le connaissait bien ; tout le monde y gagnait, lui surtout. Il se sentait donc le cœur dilaté, quand son regard tomba par hasard sur un groupe de jeunes gens, dont l'un lui parut considérer avec une attention soutenue sa chère Sophie.

C'était un grand garçon, mince et de tournure distinguée. Ses yeux trahissaient, malgré lui, la préoccupation la plus tendre. C'en était assez pour que le vieux comte prît garde ; mais tout à coup il pâlit légèrement, ses lèvres minces se serrèrent, il lui passa comme un nuage au-dessus du cerveau.

— Quel est ce charmant jeune homme ? demanda-t-il d'un air gracieux au chevalier Alexandre Paléocappa, qui se bourrait le nez de tabac à côté de lui.

— Ne le connaissez-vous pas ? C'est Gérasime Delfini, le fils de Catherine Delfini, si ravissante il y a quinze ans, qui faisait les beaux jours de Zante, et avec qui notre ancien ami César Tsalla a été si lié. Vous vous souvenez bien de César Tsalla, pauvre diable! dit en terminant l'imbécile. Et il s'enveloppa le visage dans un immense mouchoir de coton bleu pour étouffer, mais trop tard, le plus sonore des éternuments.

Pendant que ce bout de conversation avait lieu, Gérasime Delfini s'était mis au piano et chantait un air du poëte et musicien zantiote Solomo, d'une voix qui parut à Jérôme Lanza produire l'impression la plus vive sur la belle Sophie. D'un regard qui ne pouvait pas se tromper, il aperçut en quelque sorte le cœur même de sa filleule, il le vit battre, il en compta les palpitations précipitées. Sans qu'elle s'en aperçût, tant elle était absorbée, ce regard, le plus incisif et le plus aigu de tous les regards, entra dans ses yeux, et y trouva et y vit des larmes et s'y brûla; il entra dans cette tête charmante, que l'aile de la passion touchait et courbait légèrement du côté de la voix séductrice; il y découvrit, il y saisit en flagrant délit d'existence ce monde de pensées que l'amour demande et que la jeunesse tient toutes prêtes. Enfin, il acquit la conviction absolue que

Gérasime aimait Sophie, et que Sophie le lui rendait de tout son cœur.

On peut se demander s'il avait éprouvé une douleur plus poignante le jour où la fidélité de la mère lui parut douteuse. Quand chacun fut parti et qu'il se trouva seul dans le salon avec madame Palazzi, il lui dit :

— Par quelle singulière idée, ma chère, admettez-vous dans votre salon ce Gérasime Delfini?

— On me l'a présenté il y a quinze jours, répondit la comtesse en rougissant légèrement, ce qui lui arrivait toutes les fois qu'elle supposait Jérôme Lanza un peu fâché. Il est le neveu de madame Barretta, qui a des parents à Zante, et il est venu passer un mois ici. Je n'en sais pas plus long sur son compte. Je crois seulement, mais je n'en suis pas sûre, que Sophie l'a rencontré quelquefois chez ma sœur.

A ces paroles prononcées avec la nonchalance qui lui était particulière en tout temps, mais qui arrivait à son apogée dans les moments où elle avait envie d'aller se coucher, le vieux sigisbé éprouva un tel mouvement d'impatience, qu'enfonçant les deux mains dans les poches de son pantalon, il se promena quelque temps à grands pas, faisant une méditation sur ce texte sévère : *Brutta bestia!* Quand il fut un peu calmé, il prit une chaise, l'approcha du fauteuil dans lequel était plongée Caroline, et, non sans un certain luxe de gesticulation nerveuse, échangea avec elle ces paroles ailées :

— Vous ne savez donc pas que votre Delfini est le parent, disons tout, le fils de votre..... non! de ce misérable..... je veux dire de M. Tsalla?

— Comment donc? comment donc? que voulez-vous dire?

— Je veux dire ce que je dis, et je ne parle pas au hasard. Vous n'avez pas fait attention que ce monsieur fait les yeux doux à Sophie?

— Il n'est pas le seul, murmura apathiquement la comtesse.

— Et vous ne voyez pas que cette petite sotte de Sophie... mais non! je ne veux pas le croire! je ne veux pas y penser! Ce serait trop affreux! Être trahi deux fois dans sa vie dans une affection pareille! et par qui, grands dieux! Ne répondez pas, ne répondez pas, ma chère âme; prenez que je n'ai rien dit! Je ne vous accuse pas, je ne l'accuse pas; je ne sais rien, je ne crois rien, je ne me doute de rien! Êtes-vous contente?

— Pas trop, répliqua la comtesse un peu secouée à la fin par cette véhémence acrimonieuse. Je ne sais pas ce que vous voulez dire; vous roulez des yeux à faire peur, vous vous donnez du poing dans la tête et sur les genoux. Enfin, qu'est-ce que vous voulez? Est-ce que je pouvais me douter que M. Delfini vous déplairait?

— Me déplaire! mon Dieu! Elle appelle cela me déplaire! Ah! les femmes! les femmes! Qui est-ce qui a donc dit que les femmes..... Je ne sais pas qui l'a dit, mais c'est vrai! Et cet homme-là, avec ses yeux de charbon et cette ressemblance atroce, car tout d'abord elle m'a saisi, elle m'a poignardé, j'ai failli tomber à la renverse et m'évanouir, je vous le jure! Eh bien, cet homme-là, il ne vous remue pas les entrailles, il ne vous fait pas horreur? Qu'est-ce que vous avez donc dans les veines? du lait bouilli? quoi?.

— Enfin, que demandez-vous? qu'ordonnezvous? Si vous vous expliquiez du moins, on pourrait vous complaire, mon amour.

— Je ne veux plus rencontrer ce fantôme-là chez vous, et il faut, dès demain matin, que vous défendiez à votre fille de lui parler jamais.

— Allons, méchant, dit la comtesse en se mettant sur ses pieds et en prenant son bougeoir, on fera ce que vous commandez.

Jérôme, un peu plus calme, lui baisa la main s'en retourna chez lui.

Il était midi environ quand Sophie entra chez sa mère pour s'informer de ses nouvelles, et la trouva prenant son café et fumant une cigarette. Elle paraissait un peu plus soucieuse que d'ordinaire, ou du moins plus pensive; car je suis obligé d'avouer que la divine Sophie avait de celle qui l'avait mise au monde une opinion assez peu flatteuse au point de vue de l'esprit. Elle se demandait donc ce qui pouvait se passer d'inusité dans cette tête, quand la tête parla.

— Je voudrais te dire une chose, Sophie, mon enfant.

— Dites, ma mère.

— Mais je vais te contrarier.

— Je ne sais pas ce que vous entendez par là.

— Est-ce que Gérasime te fait la cour?

Sophie regarda sa mère fixement et ne crut pas devoir l'honorer de sa confiance.

— Pas plus qu'à une autre, je pense, répondit-elle.

— C'est que ton parrain ne veut plus qu'il vienne ici, et je lui ai écrit tout à l'heure que nous partions pour Corfou et qu'il ne prît pas la peine de se présenter; comme il saura que nous ne sommes pas parties, il comprendra, et tu ne le verras plus.

— Je ne trouve pas cela très-poli; qu'a-t-il fait de mal?

— Il n'a rien fait de mal, et je le crois un garçon honnête et de mérite. Mais, entre nous, il déplaît à ton parrain. Il est d'une famille qui s'est montrée fort ingrate pour notre excellent Lanza; le comte souffre à voir ces gens-là chez nous, et nous ne devons pas le contrarier. Il est parfait pour ton père; tu sais combien il nous a rendu de services, et tu dois hériter de lui. Je te prie donc, si tu as quelque penchant pour Gérasime, de n'y plus penser, parce que cela ne servirait à rien.

Sophie prit sa tapisserie, qui représentait au naturel un épagneul vert couché sur un coussin rouge, au milieu d'un fond blanc, et ne répondit pas un mot. Caroline fut, au fond, ravie de voir que les choses eussent passé si aisément.

Je ne sais si la journée parut longue ou courte à la jeune demoiselle : mais le soir, à la nuit tombante, elle se montra à demi dans l'embrasure d'une fenêtre étroite donnant sur une de ces ruelles tortueuses dont j'ai déjà parlé. Par hasard, sans doute, Gérasime vint à passer, et tout à coup, ce qui ne pouvait pas être un hasard, un petit paquet tomba brusquement au milieu de la chambre. Sophie courut le ramasser. C'était du papier cerclé d'une ficelle, sous lequel il y avait une lettre, et une pierre pour donner plus de consistance au tout. Sophie s'enferma bien vite, et lut ce qui suit :

« Mademoiselle, pourquoi les paroles ne sont-
» elles que des paroles et non pas des flammes
» et des épées, pour vous rendre un compte
» plus fidèle des tortures que j'éprouve et de la
» douleur dans laquelle je suis plongé ! Ne plus
» vous voir, ne plus vous entendre, ne plus vous

» parler! Ah! Sophie! plutôt mourir mille fois
» et de suite, à l'instant, du genre de mort le
» plus atroce, et ne pas souffrir un martyre pa-
» reil! Votre mère, cruelle et sans âme (pardon-
» nez-moi ce blasphème, ange adoré, qu'une trop
» juste indignation arrache à mon âme ulcérée!),
» votre mère n'a donc jamais connu la pitié,
» puisqu'elle me repousse ainsi loin de vous?
» Mais qu'ai-je fait? De quoi suis-je coupable?
» J'allais aujourd'hui même lui demander votre
» main. Je croyais que mille raisons existaient
» qui pouvaient me la faire obtenir; mon rang,
» ma fortune, une existence dévouée à l'amour
» de la patrie souffrante, tous ces sentiments
» généreux que je sens brûler dans mon âme et
» que vos vertus eussent encore fait grandir!
» Pourquoi m'écarter avec cette violence? Ah!
» Sophie, ma Sophie, vous m'avez permis de
» vous aimer, de vous le dire, de tout espérer;
» me faut-il perdre à jamais cette couronne de
» gloire dont j'allais me parer et qui m'aurait
» fait le plus heureux des hommes?... »

Il y en avait huit pages sur ce ton-là, mélange très-naturel, dans le Midi, de sentiments parfaitement vrais que l'emphase de l'expression rend un peu ridicules pour les gens du Nord. Il y avait aussi des vers, des protestations d'un amour inébranlable, l'assurance qu'il écrirait encore le lendemain et tous les jours, une prière fervente de ne pas l'oublier et le serment de vaincre toutes les résistances par la fermeté de sa résolution; bref, Sophie fut contente de Gérasime, se dit mille fois qu'elle était aimée, et ne souffla mot de tout ceci.

Deux jours après, Gérasime était assis sur le port dans une attitude mélancolique, lorsque le comte Lanza vint à passer. Celui-ci l'aperçut, vint à lui, le salua avec amitié, et, de la voix la plus affectueuse, lui demanda pourquoi on ne le voyait plus chez la comtesse Palazzi.

Gérasime commença par donner les défaites ordinaires en pareil cas, et ne s'expliquait pas autrement, quand le diable voulut qu'il se rappelât tout à coup, non pas les bruits qui avaient couru sur la disparition du comte Tsalla, mais l'histoire des dix thalaris donnés jadis à une de ses tantes. La vérité est qu'il avait besoin d'espérer comme de respirer l'air, et qu'il cherchait à se rattacher à n'importe qui et à n'importe quoi. Les moindres apparences de bienveillance lui eussent suffi pour lui faire croire à une sympathie dont il avait soif; il se figura, parce qu'il en mourait d'envie, que cet admirable comte Lanza, qui avait donné dix thalaris à sa tante autrefois, et qui lui parlait avec une si onctueuse affection, était un ami que le ciel lui envoyait tout parfumé d'intentions excellentes, et, d'abondance de cœur, sans rien omettre, avec le luxe d'expressions colorées qu'il employait dans son style épistolaire, il lui raconta son histoire d'un bout à l'autre.

Il lui raconta que son inclination pour Sophie avait commencé, il y avait un an, jour pour jour, à la campagne, à Zante, où la jeune fille était allée passer trois semaines avec sa mère. La jeune demoiselle s'était vite laissé persuader, Gérasime en convint, avec des transports de reconnaissance et d'amour qui excluaient jusqu'au soupçon d'une vanité quelconque. Il répéta mille fois que ses vues ne tendaient qu'à demander sa main à deux genoux, à l'obtenir, s'il le pouvait, et qu'il ne comprenait pas pourquoi la comtesse Palazzi l'avait si brusquement exclu de son cercle, sans qu'il eût quoi que ce soit à se reprocher.

— Je ne le comprends pas non plus, mon jeune ami, dit le vieux Jérôme en secouant la tête d'un air de commisération douloureuse. C'est un fait complétement inexplicable pour moi; du reste, je veux plaider votre cause auprès de la mère, et vous connaissez trop bien ma fidèle amitié, mon attachement sans bornes à votre famille, pour ne pas être sûr d'avance de mon zèle à défendre vos intérêts. Mais il serait bien important de connaître la cause de votre malheur. Caroline Palazzi n'est pas capricieuse; il faut que quelqu'un vous ait calomnié. Peut-être avez-vous un rival?

Le malheureux Gérasime secoua les épaules pour exprimer sa profonde ignorance, et rejeta la tête en arrière, geste turc qui implique toutes les négations possibles, puis ramenant ses regards sur son confident, une idée lui traversa l'esprit. Il lui trouva, au milieu de ses grimaces sympathiques, un zest de goguenarderie qui l'épouvanta. Il lui sembla, dans un éclair de soupçon, qu'il marchait sur quelque chose de dangereux, et cette pensée s'empara si bien de lui, que la conversation changea absolument de caractère.

— Enfin, continuait Jérôme, il ne faut pas vous décourager, mon enfant. Vous aimez Sophie, vous en êtes aimé, c'est là le principal ; j'ai été jeune comme vous, et la victoire finit toujours par rester aux amants. Sans doute vous avez gardé un moyen quelconque de correspondre avec la jeune fille ? Je ne vous fais pas cette injure de croire que vous négligerez une précaution si nécessaire. C'est d'ailleurs un plaisir si doux ! Comment communiquez-vous ensemble ?

— Hélas ! jusqu'à présent il m'a été absolument impossible de lui rien faire dire, et pas davantage d'en recevoir un encouragement quelconque.

— Vraiment !

— Je vous le jure. A quoi me servirait-il de feindre avec vous, qui êtes mon unique soutien dans le monde ?

— En effet, je le suis et n'en doutez jamais. Vous passez bien cependant quelquefois sous les fenêtres de Sophie ?

— Je n'ai osé le faire qu'une fois, et je n'ai pas été assez heureux pour l'apercevoir.

— Voilà qui est tout à fait fâcheux. Je ne

peux pas supporter que les choses restent ainsi. Tenez! entrons chez vous. Écrivez de suite quelques lignes pour tranquilliser la pauvre enfant. Ne lui dites rien, bien entendu, qu'un homme de ma sorte ne puisse avouer. Je lui glisserai adroitement cette consolation sans que sa mère en sache rien, et avant la fin de la semaine j'espère avoir arrangé les choses de manière que l'affaire soit devenue ce que nous pouvons la souhaiter.

Gérasime était tombé dans un état lamentable; d'un côté, il désirait avec passion s'abandonner à Jérôme; de l'autre, il s'en méfiait horriblement depuis une minute. Il lui avait parlé avec la candeur la plus absolue; mais aussi il lui avait fait des contes bleus; s'il avait eu tort d'être sincère, quels malheurs n'allaient pas en résulter peut-être pour Sophie elle-même? Si, au contraire, il avait fait une sottise en se défiant, ses mensonges retomberaient sur sa tête, et pour peu que Jérôme s'en aperçût, celui-ci aurait le droit de se piquer, qui sait même? de le traiter en ennemi. Maintenant, fallait-il donner une lettre? ne fallait-il pas la donner? Que croire? que penser?

qu'imaginer? que résoudre? que faire? Il y avait plus de tapage et d'agitation dans sa tête que dans un haut fourneau où vingt foyers lancent des colonnes de flammes, où le fer en fusion grésille et où vingt marteaux gigantesques battent tous ensemble à contre-mesure au bruit étourdissant des chutes d'eau qui les font mouvoir. Au milieu de ses incertitudes, il se laissa aller, et, tout en se demandant s'il était prudent d'écrire, il écrivit. Il avait une malheureuse disposition native pour les plumes et l'encre. Il écrivit à sa manière onze pages de divagations amoureuses, de promesses de mourir, d'exclamations fulminantes, et par une conséquence assez naturelle de son tempérament, tout en étant très-exalté, il eut grand soin de ne rien dire qui impliquât nécessairement le contraire de ce qu'en dernier lieu il avait affirmé à Jérôme et qui n'était nullement vrai, comme vous le savez. Il se méfiait que son confident ne remettrait pas la lettre; il se tenait à peu près sûr qu'en tout cas il la lirait, mais il avait eu à l'écrire un plaisir excessif, et dût-elle ne jamais arriver dans les mains adorées de Sophie, c'était quelque chose que d'avoir pu encore une fois mettre sur du papier ces phrases de roman qui dépeignaient si bien et si agréablement à leur auteur l'état intéressant de son âme.

Le comte Jérôme, qui, pendant le temps que Gérasime écrivait, avait paru lire avec componction la traduction d'un discours du général Foy sur la liberté des peuples, reçut enfin la précieuse épître des mains de son protégé, embrassa celui-ci avec effusion sur les deux joues, en le pressant contre son cœur, et dans une péroraison que l'amoureux aurait trouvée sublime s'il n'avait pas eu des doutes véhéments sur l'honnêteté de l'orateur, celui-ci paraphrasa la généreuse maxime : Vaincre ou mourir; puis il alla trouver madame Palazzi, et eut avec elle un entretien qui dura au moins deux heures, et à la suite duquel Sophie fut appelée chez sa mère.

Le comte était parti. Madame Palazzi, roulant son chapelet dans ses mains d'un air fort ennuyé, n'eut pas ouvert la bouche qu'à ses premiers mots Sophie décida ceci : Ma mère récite une leçon.

— Ma bonne petite, dit la belle Caroline,

ton parrain est fort en colère. Il m'a appris des choses épouvantables. Le jeune Delfini parle de toi de la manière la plus offensante; il prétend que tu l'adores, que tu lui as donné une chaîne de montre en cheveux, de tes propres cheveux, où il suspend un cœur en or percé d'une flèche sur lequel il y a écrit *Sophie;* et, en plein café, il a lu ce matin à tous les jeunes gens de la ville une lettre qu'il t'adresse, et qui est un tissu d'impertinences. Il a poussé l'étourderie à ce point de laisser cette lettre à un de ses amis, entre les mains duquel le comte l'a trouvée et l'a prise... Tu devrais bien ne pas encourager ce jeune homme.

Caroline s'arrêta et regarda un peu par la fenêtre pour se délasser après un effort comme celui qu'elle venait de faire; mais sa fille avait compris que tout n'était pas encore dévidé du peloton de fil qu'on avait mis dans les mains maternelles, et qu'il fallait attendre la fin. Elle s'assit donc, reprit la tapisserie du chien vert, et se mit à passer des points avec un sang-froid parfait et dans un complet silence.

— Pour moi, je te dirai, continua Caroline quand elle eut suivi de l'œil pendant quelque temps les âniers descendant vers le port, que je ne comprends pas grand'chose à toute cette histoire-là. Ton parrain n'aime pas Delfini, voilà ce qu'il y a de clair, et cette malheureuse lettre que voici l'a mis hors de lui de colère. Au fond, elle est fort bien écrite cette lettre, et je n'y vois rien de très-mal.

Sophie continua à broder, sans lever les yeux sur la lettre que sa mère lui montrait et qu'elle vit parfaitement. Madame Palazzi continua.

— Le plus fâcheux, c'est que ton parrain veut que nous quittions Céphalonie. Il s'est mis dans la tête d'aller passer deux ou trois ans à Ancône, où il a un cousin employé dans les douanes, et il a persuadé à ton père que c'était la plus belle chose du monde. Tu le sais : ton père ne contredit jamais ton parrain. Mais, ma fille, qu'est-ce que nous allons devenir à Ancône? Je voudrais bien que cette idée ne fût jamais venue au comte !

— Maman, ne pensez-vous pas que, si je faisais la langue du chien d'un vert plus clair, cela vaudrait mieux?

— Oui, mon enfant; mais je l'aimerais mieux violette, c'est plus naturel. Me vois-tu d'ici installée à Ancône pour des années ? Qu'est-ce que c'est qu'Ancône ? Je suis sûre qu'on ne parle qu'anglais dans cette ville-là, et moi qui n'ai jamais pu en retenir un mot ! Je t'assure que nous y mourrons d'ennui. Tu devrais bien trouver un moyen de nous empêcher d'aller à Ancône.

Le lendemain, à dix heures du matin, Gérasime étant assis au café, fut accosté par une petite fille du peuple, très-pauvrement habillée, qui lui dit :

—Monsieur, ma cousine Vasiliki m'a chargée de vous dire qu'elle vous priait de faire parvenir ce paquet à mon oncle Yoryi.

Et l'enfant remit à Gérasime une sorte de rouleau de quelques pouces de long enveloppé dans de la toile, puis, sans attendre la réponse, elle s'enfuit.

Gérasime fut un peu étonné. Il avait eu à son service, trois mois auparavant, un certain Yoryi, qui l'avait quitté pour se rendre sur la côte ferme en Acarnanie, où tout portait à croire qu'il exerçait la profession de brigand ; mais instruit de ce fait par les propos de ses camarades, il n'avait avec son ancien domestique aucune relation, et il ne comprenait pas pourquoi on le chargeait d'une commission pour lui. En y réfléchissant, il se rappela pourtant que Vasiliki était cuisinière chez madame Palazzi. Ce fut un trait de lumière ou plutôt une lueur d'espérance, et en songeant à sa lettre de la veille, il pensa que Jérôme lui avait déjà tenu parole, et que Sophie probablement avait trouvé ce moyen, d'accord avec son parrain, d'établir une correspondance. Il se leva bien vite de sa chaise et courut chez lui. Il prit des ciseaux pour découdre la toile du rouleau qui était très-fortement cousue, ouvrit le tout, et dans une seconde enveloppe formée d'un vieux journal, il trouva quelque chose qui lui fit une telle et si subite impression que, laissant tout tomber, le contenu du paquet s'étala sur le plancher : c'était un mouchoir de soie rouge, un petit poignard très-pointu et un bouquet de violettes fané.

Le bouquet de violettes n'avait pas de mystère, et c'était une signature certaine. Il l'avait donné à Sophie un mois auparavant, et elle lui avait promis de le conserver toujours. Le poignard était un de ces instruments qu'on n'envoie à quelqu'un que pour qu'il s'en serve, et le mouchoir rouge montrait ce qu'il en fallait faire. En langage du pays, c'était aussi clair que l'annonce d'une enseigne en lettres d'or sur une boutique de la rue de la Paix.

Ce qui ne l'était pas autant, c'était de savoir quelle était la victime désignée. En proie à une émotion excessivement violente et très-compréhensible, Gérasime s'assit, les deux coudes appuyés sur sa table, pâle comme un mort, pâle comme un homme à qui une femme adorée commande tout droit de tuer quelqu'un, qui trouverait déshonorant de refuser, qui juge bon, utile, nécessaire, indispensable de le faire, mais qui ignore complétement quel est ce quelqu'un, et qui ne laisse pas que d'avoir une arrière-crainte obscure de l'autorité judiciaire, pointe assez piquante au milieu de tant d'autres sensations.

Qui fallait-il tuer? Là était la question, et plus il l'examinait, plus il devenait perplexe. Car d'aller s'en prendre à une victime innocente, il n'y avait pas d'apparence de bon sens. Ne pas se tromper était essentiel. Mais qui était-ce? Il fit en quelques instants, au fond de son esprit, une vraie jonchée de cadavres; puis il les ressuscita successivement, dans l'espérance que ce n'était pas celui qu'il avait cru qui lui était demandé; et malheureusement sa situation était telle qu'il lui fallait passer en revue comme possibles, comme probables, les actions les plus atroces.

« Voyons, se disait-il avec un frisson, est-ce que ce serait Palazzi que cet ange me désignerait? »

Palazzi! Il vit dans son imagination la personne maigre, efflanquée, ravagée, de ce bon vivant caduc. Il vit ses cheveux teints, son chapeau sur l'oreille, son gilet de velours, sa chaîne d'or, sa petite canne à pommeau de cornaline; il vit surtout son sourire grimaçant, et il entendit sa bouffonnerie favorite.

« Est-ce que Palazzi l'aurait offensée? Est-ce qu'il s'opposerait à notre amour? Ah! le misérable!... Mais pourquoi? que lui importe? Il ne s'est jamais mêlé de rien! Je ne lui ai rien fait. Pour trois ou quatre guinées qu'il m'a empruntées et que je ne l'ai jamais pressé de me rendre, il ne m'aurait pas mis à la porte de chez lui. Ce n'est pas Palazzi, et d'ailleurs, si je le tuais et que ce fût une maladresse, peut-être que Sophie croirait juste de ne pas me le pardonner. Mais à qui donc m'en prendre? Sa mère? cette grosse dame? Allons donc! Paléocappa? Est-ce que, par hasard, il ferait la pluie et le beau temps dans cette maison? Mais non! C'est Lanza, et Lanza, bien que je m'en défie, ne m'a fait que du bien. Qui donc, qui donc? mon Dieu! »

Il eut une idée. C'était le dimanche matin. Il courut en toute hâte à l'église, et se plaça sur les marches du péristyle au moment où la foule des fidèles sortait des offices. On entendait les derniers chevrotements de la voix nasillarde des popes. Une personne de connaissance passa, puis une seconde, puis une troisième; puis beaucoup. Au milieu de ce monde, il aperçut Sophie marchant d'un air grave et tout à fait édifiant. Elle avait sa mère à droite et son parrain à gauche, et Palazzi, donnant de sa main blanche un tour heureux aux boucles extrêmement pommadées de sa chevelure noire, suivait par derrière. Gérasime regarda fixement la jeune fille, et d'un air qui en disait beaucoup. Elle comprit, et en passant devant lui avec son escorte, elle ne lui rendit pas son salut ; mais arrêtant ses yeux droit sur les siens, elle les reporta brusquement sur Jérôme Lanza, les ramena sur son amant et parut attendre. C'était clair. Il fit un signe d'assentiment. A la même minute, il se sentit assez vivement poussé par derrière, et se retournant, il aperçut un homme de mauvaise mine qui, sans s'excuser, lui laissa voir dans sa manche un couteau ouvert, et disparut.

« Ah ! c'est comme ça ! pensa Gérasime. Eh bien ! nous allons voir ! » L'idée de recevoir quelques pouces d'acier dans le corps lui donna de l'activité. Le soir même, il était parti pour l'Acarnanie, et quelques jours après il dînait paisiblement dans une maison de Missolonghi avec Yoryi, dont il était venu prendre les bons conseils. Ce n'est pas qu'il eût eu besoin de se déranger pour ce qu'il avait à faire. Grâce au ciel, à Zante, à Céphalonie, dans toutes les îles, il lui eût été facile, et je crois qu'il le sera toujours à tout le monde, de trouver de braves garçons prêts à faire le chemin libre à leurs amis pour des prix raisonnables. Mais il lui avait été commandé de remettre le mouchoir rouge à Yoryi; il crut devoir suivre ses instructions à la lettre.

Quand l'amoureux eut raconté à cet excellent homme ce dont il s'agissait et qu'il lui eut fait confidence entière de sa situation, Yoryi fit un geste de surprise que Gérasime remarqua, et dont il lui demanda la raison.

— La raison? Vous n'avez pas trop besoin de la savoir, lui répondit son confident. Je puis seulement vous dire qu'il y a dans la vie des choses très-extraordinaires. Il m'est arrivé, il y a une quinzaine d'années, de travailler avec le vieux Apostolaki et quatre ou cinq autres camarades pour M. le comte Lanza, qui même nous paya bien, je le dis à sa louange; et maintenant Apostolaki est tout à fait hors de service, deux de nos associés ont été pendus par les Anglais, ce qui fut dommage, et voilà que je m'en vais m'occuper du comte Lanza, et pour qui? Pour vous! C'est singulier; mais il paraît qu'il y a une justice, bien que ce ne soit pas mon affaire.

Il n'en voulut pas dire davantage sur ce point, et passa immédiatement, en homme pratique qu'il était, à l'examen et à la discussion des moyens d'accomplir de la façon la plus satisfaisante la mission dont Gérasime lui faisait l'honneur de le charger.

A une semaine de là, c'était dans la nuit du lundi au mardi, et il pouvait être minuit à peu près, le comte Jérôme Lanza, précédé d'une servante portant un fallot, tournait une petite rue étroite par laquelle il passait d'ordinaire lorsque, revenant de chez madame Palazzi, il regagnait sa demeure, quand il se vit subitement entouré par cinq hommes, dont quatre étaient ou lui parurent de très-haute taille, et il fut tout d'abord terrassé par un coup violent sur l'épaule; presque immédiatement il en reçut un second, puis un troisième, et au moment où il distinguait une figure plus mince que les autres, mais couverte d'un voile, qui se penchait sur lui, il s'évanouit complétement.

La petite servante eut sa lanterne cassée; mais elle avait eu l'instinct de pousser des cris affreux; quelques fenêtres s'ouvrirent; en voyant ce dont il s'agissait, personne ne se pressa notablement d'intervenir; mais enfin les assassins ayant disparu, on se risqua, on alla chercher la garde, le policeman fut averti, il vint avec son camarade. On courut prévenir le commissaire anglais; on réveilla madame Palazzi, qui marqua beaucoup d'étonnement et versa d'abondantes larmes avant de se décider à se mettre en route avec sa fille; Palazzi serait bien accouru de suite, mais on ne put le trouver nulle part; ce ne fut que le lendemain qu'il apprit cet événement en revenant d'une partie de campagne.

Le vieux comte était étendu dans son lit, la tête cassée, les bras et les jambes fracturés en plusieurs endroits, et un beau coup de poignard au travers du corps. On avait ramassé sur les lieux une sorte de massue en bois noueux, garnie de gros clous la pointe en l'air. Le juge présuma et le greffier consigna dans son procès-verbal que les meurtriers avaient fait usage de cet engin de destruction sur la personne du malheureux Jérôme. Il le pensa également, donna d'une voix faible plusieurs renseignements; mais quand on lui demanda s'il avait reconnu ses assassins, il répondit qu'il n'avait distingué personne, et on ne put le tirer d'un mutisme absolu sur cette question, cependant intéressante. Il est d'usage en pareil cas que les gens maltraités pèchent plutôt par excès que par faute de soupçons ; ils soupçonnent tout le monde, et, si on les en croyait, on arrêterait toute une ville. Le vieux Lanza fit exception à la règle, et se refusa à désigner qui que ce fût, ce qui parut extraordinaire. Les médecins déclarèrent qu'il était atteint mortellement, et que ce serait beaucoup s'il vivait quelques heures encore. On se décida à le laisser tranquille.

Quand il se vit seul avec madame Palazzi et Sophie, qui pleuraient à sanglots sans s'arrêter, le comte dit à son amie :

— Ma chère, c'est Gérasime qui me tue. Je l'ai reconnu au moment où il se penchait sur moi, bien qu'il eût un voile sur la figure. Je ne veux pas que la justice se mêle de cette affaire-là, qui ne la regarde pas ; mais, au contraire, si l'on venait à trouver quelques traces compromettantes, vous allez me jurer de faire tous vos efforts pour innocenter Gérasime. Vous direz, sous serment, que vous savez son innocence. Puis vous prendrez dans ma maison, que je laisse à Sophie, autant d'argent qu'il vous en faudra pour que Gérasime soit tué à son tour, à la même place où il m'a fait tomber, et de la même manière, et avec des massues toutes pareilles... J'aimerais bien qu'il reçût du même couteau à travers le corps.

Pendant l'expression de ce désir bien naturel, madame Palazzi redoubla ses pleurs et ses gémissements. Les parents arrivèrent, les prêtres les suivirent, la ville entière stationnait dans la rue, et le vieux Jérôme rendit l'âme sans avoir voulu embrasser ni sa chère Caroline, ni son adorable Sophie; il est évident qu'une seule pensée l'occupait, c'était le désir ardent de se voir rejoint par Gérasime de la façon dont il avait ordonné les choses.

L'enterrement fut splendide. Le métropolitain officia lui-même en grand costume, et tous les papas lui firent escorte, venus des différentes paroisses de la ville; le commissaire britannique prononça un discours en anglais, dans lequel il rendit justice aux qualités politiques du défunt, constamment dévoué à la cause de l'ordre et de la religion; le président du comité philhellénique parla à son tour en grec moderne, pour célébrer les généreux efforts du comte en faveur de la cause de l'indépendance ; mais il ne spécifia que de nobles aspirations. Le maire, dans un discours italien, pleura sur la ville de ce qu'elle avait perdu un membre aussi éclairé de son conseil municipal, et rappela les progrès que le comte Lanza avait fait faire dans toute l'Europe à la science économique, quand il traduisit du français, il y avait trente ans, une brochure sur la liberté du commerce des grains ; enfin l'administrateur du collége, dans un discours en grec ancien du plus pur attique, mais auquel personne ne comprit un seul mot, vanta le génie littéraire de cet éminent comte Lanza, qui avait traduit dans sa jeunesse le roman français aussi, *la Dot de Suzette*, de l'éminent et illustre M. Fiévée, en langage romaïque corrigé, ce qui avait fait considérablement avancer tout l'Orient chrétien dans les voies de la civilisation.

Ces discours durèrent huit heures consécutives, après quoi chacun regagna son logis. La justice fit les recherches les plus habiles et les mieux dirigées, mais elle ne découvrit quoi que ce fût. Quand elle essaya de savoir si le comte Lanza avait quelque ennemi déclaré qui eût intérêt à le faire disparaître, elle ne trouva personne; le comte Lanza n'avait pas un seul ennemi; mais quand elle poussa ses investigations jusqu'à vouloir apprendre s'il était aimé, elle s'aperçut qu'il était détesté universellement, et cette contradiction flagrante brouillant toutes ses cartes, elle fut bientôt obligée de lâcher prise, de s'avouer vaincue; et ce ne fut plus que pour la forme et afin de couvrir sa retraite plus honorablement qu'elle afficha encore pendant quelque temps de s'occuper d'une affaire où, tout d'abord, elle avait compris qu'elle ne comprendrait jamais rien.

Gérasime Delfini, absent de Céphalonie depuis un mois au moins avant l'assassinat du comte, reparut deux mois après, revenant de Naples, dont il raconta des merveilles et où il s'était beaucoup amusé.

Sophie, toujours très-occupée à broder son chien vert, dit à sa mère :

— Maman, est-ce que vous n'inviterez pas M. Delfini à venir vous voir?

Madame Palazzi fit entendre une sorte de gémissement :

— Mais tu sais bien, mon enfant, murmura-t-elle, ce que ton parrain m'a dit?

— Est-ce que vous croyez cela? demanda Sophie avec sa candeur habituelle, mais en arrêtant sur sa mère un regard dont la fixité étonnait toujours. Est-ce que vous croyez cela? N'a-t-on pas raconté autrefois des histoires terribles contre mon parrain à propos du comte Tsalla?

— Pauvre Tsalla! murmura la comtesse; et, ce qui ne fût jamais arrivé du vivant de Jérôme Lanza, elle passa son mouchoir sur ses yeux, qui, en effet, contenaient quelques larmes.

— Est-ce que vous croyez que mon parrain avait fait assassiner le comte Tsalla?

— Mon enfant, dit la comtesse, ce sont de ces choses dont il ne faut jamais parler. Tu es jeune et tu ne sais pas... Jérôme était incapable certainement de rien faire de semblable, et je ne crois pas non plus que Gérasime... Je te jure que je n'ai rien contre ce dernier; si seulement il voulait ressembler un peu moins à sa mère, cette madame Delfini qui ne valait pas grand'chose, je t'assure; et comme je l'ai dit quelquefois au pauvre Tsalla, il avait bien tort de s'encanailler avec des créatures pareilles. Mais enfin, je te jure que j'ai pour Gérasime beaucoup d'amitié, et si tu ne crois pas que ce soit manquer à la mémoire de ton parrain, il me semble que je peux bien le recevoir.

Quelques semaines après, Gérasime épousait Sophie; ils vécurent heureux et eurent beaucoup d'enfants.

Athènes, 25 mai 1868.

AKRIVIE PHRANGOPOULO.

NAXIE.

Les Cyclades sont un des endroits du monde auquel l'épithète de séduisant s'applique avec le plus de vérité. Pourtant beaucoup d'entre elles peuvent être qualifiées en toute justice de rochers stériles; mais au sein de ces mers de la Grèce, où la main des dieux les ont semés, ces rochers brillent comme autant de pierres précieuses. La lumière qui les inonde au milieu d'une atmosphère sans tache, et les flots d'azur qui les enchâssent, en font, suivant les heures du jour, autant d'améthystes, de saphirs, de rubis, de topazes. La réalité est stérile, pauvre, assez nue, certainement mélancolique; mais ces inconvénients s'effacent sous une majesté et une grâce incomparables. Les Cyclades donnent l'idée de très-grandes dames nées et élevées au milieu des richesses et de l'élégance. Aucune des somptuosités du luxe le plus raffiné ne leur a été inconnue. Mais des malheurs sont venus les frapper, de grands, de nobles malheurs; elles se sont retirées du monde avec les débris de leur fortune; elles ne font plus de visites, elles ne reçoivent personne; néanmoins ce sont toujours de grandes dames, et du passé il leur demeure comme le suprême raffinement interdit aux parvenues, une sérénité charmante et un sourire adorable.

Il y a quelques années, la corvette de guerre anglaise *l'Aurora*, venant de Corfou et naviguant à la voile, suivant les sages prescriptions de l'amirauté, avare de son charbon, se trouvait un matin, un peu avant le jour, au beau milieu de l'archipel dont il est ici question. Le commandant Henry Fitzallan Norton dormait sur sa couchette, quand un timonier, dépêché par le navigating-officer, vint le réveiller.

— Monsieur! monsieur!...

Au son de cette voix bien connue, le commandant avait ouvert les yeux et répondait :

— Qu'est-ce que c'est?

— Monsieur, on voit Naxie.

— C'est bon, répondit Norton; et comme il avait fait le whist assez tard dans le carré, il se retourna sur son lit avec l'intention de se rendormir, ce qui ne lui fut pas permis. Quelque chose de noir et de velu s'éleva lentement du bord de la couchette, le bruit d'un bâillement prolongé se fit entendre, et tandis qu'une langue énorme s'avançait vers son menton avec le désir évident de le faire disparaître sous sa surface rose, des yeux aussi intelligents que des yeux de chien peuvent l'être, le regardaient en face et lui disaient :

— Au nom du ciel, éveillez-vous donc; j'ai assez dormi!

— Eh bien, puisqu'il le faut, répondit le commandant, je me lève, Dido, je me lève!

Et en effet le commandant se leva.

L'aube allait paraître, mais il ne faisait pas jour encore. La bougie qui éclaira bientôt de sa lumière parcimonieuse la hâtive toilette de Henry Norton tomba sur les objets accumulés dans la chambre de bord de façon à les faire plutôt deviner que reconnaître. Rien n'est moins gai qu'une pareille habitation, bien qu'il soit à la mode, parmi les habitants tenaces de l'intérieur des terres, de s'extasier sur le luxe naval. S'agit-il d'un navire de guerre français, l'appartement, accommodé sur un patron invariable comme l'infaillibilité administrative, est peint en blanc avec des baguettes dorées reproduites à profusion, comme dans un cabinet de restaurateur, et le mobilier est rouge, à moins qu'il ne s'agisse de loger un vice-amiral. Devant cette considération puissante, l'administration maritime faiblit pour mieux triompher, et alors tout devient inévitablement jaune. Les lois des Perses et des Mèdes et les arrêts de Minos n'avaient rien de plus absolu. Sur la table s'étagent régulièrement quelques journaux, un annuaire de la marine, et c'est tout, à moins que l'officier, père de famille, n'ait tenu à orner les cloisons çà et là de photographies domestiques. Dans la marine anglaise, le goût individuel a plus de latitude. Les chambres des commandants ne sont pas toujours revêtues de la même couleur; la volonté de l'habitant peut en décider; il y a moins de cloisons et de petits trous, moins de portes se fermant sur des réduits de quatre pieds de large ; plus de rideaux laissant circuler l'air et le jour, et, ce qui est caractéristique et curieux, on y contemple fréquemment des tableaux, des objets d'art, et surtout des livres. Sous ces derniers rapports, le logis de Henry Norton était riche en dépit de sa petitesse. Des gravures d'après d'anciens maîtres d'Italie, deux ou trois petites toiles achetées à Messine et à Malte, et, partout où l'on avait pu assujettir des tablettes, des volumes de différentes grosseurs et épaisseurs : traités de mathématiques, livres d'économie politique, histoire, philosophie allemande, romans nouveaux, tout cela s'alignait, se pressait, se foulait, se montait l'un sur l'autre, et il en traînait encore sur les chaises; Henry Norton était un admirateur passionné de Dickens et de Tennyson, ce qui ne l'empêchait pas de faire consciencieusement son métier et de le bien savoir. Arrivé à trente-trois ans avec une jolie figure blonde et douce, il parlait peu, songeait beaucoup, rêvait assez, présentait ce mélange si commun chez ses compatriotes d'esprit positif, d'esprit romanesque et d'énergie, et, fort avancé dans sa carrière, puisqu'il était déjà capitaine de vaisseau, il ne s'amusait pas dans le monde d'une manière bien remarquable. Cependant aucune disposition au spleen n'avait jamais apparu chez lui.

Quand il fut habillé, il monta sur le pont et du pont sur la passerelle; le lavage réglementaire était en bon train, et la rumeur des seaux d'eau lancés à tour de bras et le bruissement sonore des fauberts faisaient leur tapage accoutumé. Norton rendit silencieusement le salut que lui adressa le navigating-officer, enveloppé dans son paletot comme un digne homme arrivé à la fin de son quart de nuit, et promena les yeux sur la scène ouverte autour de son navire. L'aube se levait et donna vivement à Norton l'impression de la sagesse extrême des poëtes du passé, qui ont vu et décrit l'Aurore avec des doigts de rose; en général, aucun pays au monde ne porte si bien à personnifier les phénomènes de la nature que les pays du Levant. Tout s'y manifeste avec une telle netteté, s'y détache avec une telle précision, y déploie tant de vie, y revêt tant de charmes, qu'on trouve naturel de s'imaginer les portes du jour ouvertes par une charmante fille, et l'astre lumineux triomphalement porté à travers les plaines célestes par les chevaux fougueux et brillants du plus beau et du plus intelligent des dieux. La mer, calme d'un calme profond, bleue comme une pervenche, non ridée mais plissée coquettement pour faire miroiter sur son sein les faisceaux de la jeune lumière ruisselant d'en haut en cascades étincelantes, allait chercher bien loin, au bout de l'horizon oriental, ce qui restait des nuances délicates du crépuscule du matin. Elle se teignait à plaisir et dans un cercle de plus en plus large de cette pluie de fleurs safranées ou d'un rose pâle, et peu à peu le safran devint orange, le rose se parsema d'écarlate, des filons d'or coururent de toutes parts, et une clarté éblouissante, chaude, dominatrice, électrisa la nature entière.

Çà et là se montraient des îles, les unes plus près, les autres plus loin. Des formes douces, arrondies, fines, dessinaient les contours de ces terres montagneuses; là, c'était Paros, ici, sa sœur Antiparos; plus loin dans la vapeur, Santorin; enfin en face, Naxie, la belle Naxie commençait à mettre en relief non plus seulement son plan général, mais ses sommets, ses collines, ses vallées, ses gorges, ses rochers, et on voyait s'avancer la ville, blanche comme une fiancée.

Il fallut cependant quelques heures encore pour l'atteindre. La brise était extrêmement faible, et le navire marchait peu. En attendant, les détails de la côte se révélaient à chaque instant d'une manière plus sensible. On aperçut l'entrée du port se creusant entre les rochers, et sur la droite, ce petit îlot stérile, encore riche de quelques pans de murs antiques, restes d'un temple d'Hercule. Les maisons baignaient leur pied dans l'eau, s'étageant les unes au-dessus des autres comme les loges d'un amphithéâtre, et par-dessus ces bâtisses plébéiennes s'élevait, avec plus de bonhomie que de grandeur, l'ensemble d'habitations qu'on nomme la citadelle ou le château, et que des restes d'anciens remparts écroulés ou employés à faire de nouveaux logis rendent encore assez digne d'une appellation devenue néanmoins un peu ambitieuse. Cet aspect était frais, gai, aimable, accueillant. *L'Aurora* continuait à s'avancer avec lenteur vers cette rive hospitalière, quand survint un incident sur lequel on ne comptait pas, et qui faillit changer du tout au tout le caractère paisible de cette arrivée.

Au moment même où la corvette franchissait l'entrée du port, une vive bouffée de brise accourut du large et se jeta étourdiment au travers des voiles, grandes ouvertes au peu d'air qui avait soufflé jusqu'alors. Le navire affolé prit sa course, et comme il n'était pas à trois cents mètres de la côte rocailleuse, il allait inévitablement s'y briser, quand le commandant donna rapidement un ordre. L'équipage entier sauta sur le pont, du pont sur les vergues; l'action s'exécuta de façon si prompte, que des douzaines de bonnets et de chapeaux s'envolèrent et vinrent parsemer la mer; mais la moindre toile fut carguée en un instant et *l'Aurora* s'arrêta subitement, pas assez tôt toutefois pour qu'une petite partie de son bordage n'eût labouré la pierre; néanmoins ce n'était pas, à proprement parler, une avarie, ce dont chacun se félicita; et quand on eut constaté que le péril évité ne laissait derrière lui qu'une quasi-nécessité de s'arrêter à Naxie pendant cinq à six jours au plus, afin de remettre quelques planches, comme d'ailleurs la machine avait besoin aussi de réparations, le commandant et les officiers, au lieu de déplorer l'accident, en furent enchantés. L'ordre fut donné de mouiller, et tandis qu'on l'exécutait, on vit monter à bord deux personnages qui demandèrent à parler au commandant.

Ces nouveaux venus étaient l'un et l'autre en habits, pantalons, gilets noirs, cravates blanches, et tenaient à la main le chapeau de feutre en usage parmi toutes les nations civilisées; mais ce costume, peu remarquable en lui-même, frappa extrêmement Henry Norton, car, dans l'espèce, il présentait l'aspect le plus absolument archaïque auquel ce mode de vêtement puisse atteindre. L'observateur le plus superficiel ne pouvait faire moins que de lui assigner, comme date la plus récente, 1820 au plus près. Des collets énormes et bosselés, des manches froncées et larges du haut, très-étroites du bas, une taille courte, des basques démesurées, les pantalons à la cosaque, les gilets de soie noire extrêmement ouverts eussent tiré des

larmes d'attendrissement des yeux de Georges
Brummel, s'il avait pu revenir au monde pour
contempler ces souvenirs de sa jeunesse; les
cravates amples, larges, étoffées, de six pouces
de hauteur, ornées de nœuds savamment étu-
diés et d'une complication à faire perdre la tête
à un gabier, se couronnaient avantageusement
de deux cols de chemise empesés, qui devaient
être certainement en lutte perpétuelle avec les
bords du chapeau, quand celui-ci recouvrait le
chef des remarquables possesseurs de cette précieuse garde-robe ; mais en ce moment les chapeaux reposaient dans les mains de leurs maîtres. Il ne faut d'ailleurs pas plaindre ces
instruments singuliers, hauts chacun d'un pied
et demi, garnis de bords d'une largeur redou-
table; ils étaient de taille à se défendre, et leur
aspect poilu et hérissé leur donnait une physionomie farouche. Norton resta frappé d'admiration devant cet appareil; il se rappela les héros
d'un autre âge, et il eut besoin de faire un
effort pour concentrer son attention sur les physionomies des deux arrivants. Elles étaient des
plus respectables et des plus dignes. Toutes
deux se ressemblaient en ce point que les che-

veux étaient taillés, comme les habits, d'après le goût antique, de façon à former sur les tempes des accroche-cœurs comparables aux pavillons ornementés dont s'accompagnent les grands monuments, tandis que de vastes toupets gris, s'élevant avec noblesse sur le sommet de la tête et couronnant la largeur du front, rappelaient encore mieux ces frontons rigides, qui signalent au respect des peuples les tribunaux de première instance.

Voilà ce que les deux insulaires avaient en commun; pour le reste, ils différaient. Celui qui marchait le premier était petit, un peu gros, assez haut en couleur, l'air souriant et heureux; l'autre, au contraire, élancé, extrêmement maigre, d'un teint un peu jaune, paraissait souffrant et triste, mais résigné. Norton ne put se défendre de leur trouver des physionomies extrêmement distinguées; leurs figures vieillottes n'appartenaient pas aux premiers venus, et il lui passa dans l'esprit des réminiscences de certains types de gentilshommes français et italiens rencontrés par lui dans sa première jeunesse.

Sous l'empire de cette impression, et désireux de savoir jusqu'à quel point elle était justifiée, il fit descendre ses visiteurs dans sa chambre, et s'enquit poliment de ce qui les amenait. Le Naxiote gros et gai s'annonça comme étant M. Dimitri de Moncade, agent consulaire de Sa Majesté Britannique. Il venait offrir ses services, et présenta son compagnon et ami, M. Nicolas Phrangopoulo, consul des Villes Hanséatiques. La conversation naturellement avait lieu en grec; Henry Norton parlait couramment cette langue, grâce à un séjour de plusieurs années dans les mers du Levant, et ni M. de Moncade ni M. Phrangopoulo ne savaient le moindre mot d'un autre idiome.

On a pu entrevoir, d'après ce qui a été dit déjà du commandant de *l'Aurora,* qu'il était d'un naturel curieux et cherchant l'instruction. L'apparence des deux personnages assis dans sa chambre de bord l'avait suffisamment excité pour qu'il tînt à en savoir un peu plus long sur leur compte, ne fût-ce que pour servir d'introduction à ses futures observations touchant l'île de Naxie. Il dirigea donc l'entretien de façon à se renseigner, autant que la politesse le pouvait permettre, et ses efforts ne furent pas infructueux. Voici, en bloc, ce qu'il apprit par pièces et par morceaux :

M. l'agent consulaire de Sa Majesté Britannique devait son emploi à ce fait que son père et son grand-père l'avaient jadis exercé avec honneur; naturellement, il était rémunéré par l'éclat qui en rejaillissait sur sa personne, et aucune indigne considération de lucre ne s'y rattachait. Il avait connu l'amiral Codrington, et gardait dignement le souvenir d'un déjeuner auquel il avait pris part à bord du bâtiment monté par ce grand homme de mer, vers le temps de la bataille de Navarin. Environ une fois tous les sept à huit ans, quelque navire de guerre anglais passait à Naxie et venait réjouir sa vue. En 1836, un voyage à Athènes l'avait mis en mesure d'apprendre une foule de choses intéressantes, dont il ne s'était jamais douté jusqu'alors. Il demanda à Henry Norton des nouvelles de Sa Grâce le duc de Wellington, et se montra extrêmement peiné d'apprendre que cet illustre capitaine avait cessé de vivre. Il rappela ses mérites extraordinaires en quelques sentences bien choisies, et ce fut probablement la dernière oraison funèbre prononcée sur les cendres du vainqueur de Waterloo. Cette pénible émotion s'étant un peu dissipée, M. de Moncade offrit quelques observations sarcastiques contre les Français en général et contre l'esprit révolutionnaire en particulier, et sans se prononcer nettement, il laissa entrevoir qu'en ce qui le concernait, il trouvait peu de plaisir aux souvenirs de la guerre de l'indépendance hellénique, attendu que le gouvernement d'Athènes jugeait à propos d'envoyer un éparque dans l'île, tandis que jamais, au grand jamais, tant que le Sultan avait régné sur l'Archipel, on n'y avait vu un Turc, grand ou petit. Pour lui, il n'estimait que les vieilles familles, les gens de race noble, c'est-à-dire d'origine européenne ; il était incapable d'oublier que ses ancêtres étaient venus du midi de la France, où il était possible que leur nom existât encore, et il savait de science certaine qu'aucune mésalliance n'avait altéré la pureté du sang circulant dans ses veines. M. de Moncade, plus vif et plus causant que M. Phrangopoulo, prenait soin le plus souvent de parler au nom de ce dernier. Ainsi Norton apprit que celui-ci n'était pas moins bon gentilhomme que le consul de Sa Majesté Britannique, malgré son nom de consonnance grecque, ce qui d'ailleurs portait témoignage en sa faveur, puisqu'il signifie : *un fils de Franc,* le nom réel de la race ayant malheureusement été perdu et oublié. Toutes les opinions politiques et sociales de M. de Moncade étaient partagées par son ami, qui les appuyait d'un signe de téte ; mais il s'en fallait que cet ami eût une aussi grande érudition sur les choses de ce monde.

De sa vie il n'était sorti de l'île. Il représentait les Villes Hanséatiques au même titre héréditaire que M. de Moncade faisait la Grande-Bretagne. Mais, moins heureux que celui-ci, il n'aurait même jamais vu de ses yeux mortels un citoyen de la puissance allemande à laquelle il appartenait, si, en 1845, un brick de commerce hambourgeois chargé de planches ne s'était laissé emporter hors de sa route par un coup de vent et jeter sur les roches d'Antiparos. Il en était résulté un naufrage où la cargaison avait été perdue ; mais on avait sauvé les hommes, et le capitaine Peter Gansemann avait, après un séjour d'un mois à Naxie, laissé entre les mains de M. Phrangopoulo un certificat par lequel il informait la postérité la plus reculée, dans le but de servir à tout ce que de raison, que M. Phrangopoulo était l'homme le plus honorable qu'il eût jamais rencontré, et l'avait nourri lui et son équipage pendant son séjour forcé dans l'île, générosité d'autant plus méritoire, ajoutait le reconnaissant capitaine, que ce digne consul lui avait paru vivre dans un état voisin de la misère.

Sans être trop optimiste, on peut croire que beaucoup de bonnes actions ont leur récompense dès ce bas monde. M. Phrangopoulo, du moins, obtint la sienne en ce sens que le séjour du capitaine Gansemann fit époque dans son existence. Comme celui-ci ne parlait qu'allemand, il ne communiqua pas beaucoup d'idées nouvelles à son hôte ; mais il resta le héros de l'événement capital dans les fastes de la maison consulaire, et l'esprit du vieux gentilhomme travailla sur ce thème de manière à en faire une sorte de conte des Mille et une Nuits. Il estimait d'autant plus son certificat qu'il n'avait jamais trouvé occasion de le faire traduire, et ne se doutait pas plus de ce qu'il disait que si on lui eût mis dans les mains les quatre livres de Confucius en original.

L'imagination de Henry Norton n'avait pas besoin de beaucoup d'aide pour s'exciter. En cette circonstance, elle se monta d'elle-même au seul contact de si singuliers personnages. Une île de l'archipel grec dans toute sa grâce merveilleuse, représentée par deux vieux débris de la noblesse européenne; ces deux vieux débris ne parlant que le grec, ne sachant quoi que ce soit de ce qui se passait dans le vaste monde, en ce temps de bavardage où chacun est plus au fait des affaires d'autrui que des siennes propres, et, par cette ignorance singulière, semblant vouloir prouver que leur habitation, éloignée seulement de quelques heures d'Athènes, se trouve plus loin, en fait, de l'univers civilisé, que les provinces centrales de l'Amérique, c'était là un de ces paradoxes violents tels que le capitaine de *l'Aurora* les adorait. Cependant celui-là lui parut si fort, qu'avant d'en savourer le charme il en voulut avoir la démonstration, et ses amis improvisés ne se firent pas prier pour la lui administrer complète.

Aucun bateau-poste ne circule entre la plupart des îles et la Grèce continentale, et cela pour cette raison excellente que ces petits territoires ne possédant ni commerce ni industrie, ni importation ni exportation, ne donnent lieu à l'échange d'aucunes correspondances. Chaque quinzaine seulement, une goëlette part de Syra pour Paros, y porte quelque peu de lettres ou de paquets à cette destination, et quand, par un hasard fort rare, il s'en trouve pour Naxie, une barque quelconque s'en charge à loisir ; ce mode de circulation suffit parfaitement. De la sorte, les journaux arrivent dans l'île ; mais quel intérêt peuvent-ils exciter chez des gens confinés chez eux et n'ayant nulle envie d'en sortir ; ne lisant jamais rien, ne sachant rien des choses de ce monde et ne se souciant pas d'en rien savoir ; ne possédant que des vignes, des oliviers, des orangers, des grenadiers et, par-ci par-là, quelques moutons, et vivant comme l'homme d'Horace dans une médiocrité, laquelle d'ailleurs n'est pas dorée ? Tout au plus ces philosophes pratiques ramassent-ils au hasard dans ce qu'ils apprennent de la sorte, à bâtons rompus, quelques sujets de conversation peu passionnants, et c'est ainsi que, trop pauvres pour avoir besoin de personne, suffisamment vêtus et nourris sous un ciel délicieux pour n'éprouver aucune souffrance dans cette ravissante indigence, indolents avec conviction, fiers du passé et sachant garder la dignité nécessaire au présent, les gentilshommes naxiotes vivent paisiblement et ne s'en estiment pas d'un grain au-dessous des hommes les plus agités de la société moderne la plus remuante.

Naturellement ils ont en commun avec les habitants de l'Hellade une vénération solide pour l'origine du pays qu'ils habitent, et le rayonnement de cette gloire planant sur leur tête, ils en réclament une part de propriété; mais c'est surtout au temps des croisades qu'ils aiment à se reporter. Alors fut fondé le duché français des Cyclades, et les chevaliers se firent des fiefs dans les îles. La plupart des gentilshommes de Naxos font remonter leur généalogie à cette époque. Mais là, beaucoup se trompent. Le duché français a passé depuis lors par bien des péripéties. Les races conquérantes s'éteignirent successivement et furent remplacées par d'autres également franques à la vérité, mais moins anciennes ; les Vénitiens introduisirent des Italiens en grand nombre ; les aventuriers français et espagnols du dix-septième siècle apportèrent leur appoint ; des Grecs également. Bref, quand le dernier héritier de la maison ducale européenne eut été contraint de déposer son pouvoir entre les mains des Turcs, ceux-ci, à la vérité, ne changèrent rien à la constitution politique de l'île, et n'y envoyèrent pas de représentants de l'Islam ; ils firent même plus ; ils intronisèrent un duc de leur choix, qui fut un médecin juif du Sultan. Mais ce fils de Moïse n'eut pas de successeur, et comme il n'avait jamais résidé dans l'île, son palais, devenu propriété nominale du Sultan, fut abandonné et peu à peu démoli par la noblesse elle-même, qui trouva commode de prendre des matériaux à bon marché dans ces constructions qu'on ne réclamait pas, qu'on ne protégeait pas et qu'on ne réparait pas. Et dès lors le gouvernement du lieu devint tout à fait municipal et républicain entre les mains des vieilles familles, et, nobles et peuple, aussi pauvres l'un que l'autre, habitués à vivre ensemble, oubliés de l'univers entier, n'ayant aucun prétexte pour se quereller, puisqu'ils n'avaient rien à se disputer, vécurent et vivent encore dans une union si parfaite que le catholicisme des uns, l'orthodoxie des autres, la présence de deux évêques appartenant aux rites ennemis, un couvent de Lazaristes français qui est venu, on ne sait trop pourquoi, acheter là des terres, la fondation d'un autre couvent d'Ursulines bourguignonnes, rien n'a pu prévaloir contre la douceur obstinée de cette population, qui se permet de vivre au dix-neuvième siècle dans une sorte d'état paradisiaque.

Lorsque la conversation de ses deux hôtes qu'il avait retenus à déjeuner lui eut fait comprendre cette situation, Henry Norton, enchanté, fit rapidement ses préparatifs pour descendre à terre et voir de plus près des choses si intéressantes. Après avoir donné ses instructions à son second, il monta dans sa baleinière avec M. de Moncade et M. Phrangopoulo, et suivi de Dido, non moins satisfaite que lui de quitter le bord, il se dirigea vers un petit débarcadère en planches, où une partie notable de la population, c'est-à-dire une douzaine de pêcheurs, l'attendait avec une joyeuse curiosité.

Quelques femmes tenaient de beaux enfants dans leurs bras. Tout ce monde salua l'étranger d'un air de bonne humeur, et flanqué de ses introducteurs, gravissant un sentier étroit à travers les ruines de toute espèce, les gravas et les places vides, il parvint, après quelques minutes d'une ascension assez roide, jusqu'à une porte surbaissée, dernier reste de la citadelle. Cette issue, un peu sombre, l'introduisit dans une ruelle pavée de dalles. C'était la grand'rue ; elle montait en serpentant à travers des maisons à un étage, affectant les formes de l'architecture italienne du dix-huitième siècle. Sur chaque porte étaient gravés des écussons d'armoiries. Ce lieu sombre et frais avait si peu de passants, qu'il ressemblait plus à la cour d'une habitation privée qu'à une voie publique. De distance en distance, un mulet chargé de bois, de légumes ou de fruits, cheminait en choisissant son terrain avec prudence.

M. de Moncade s'arrêta devant une porte voûtée, armoriée à la clef comme les autres, et faisant un profond salut au commandant, il le pria de lui faire l'honneur de se reposer un instant chez lui, requête aimable aussitôt accordée que présentée, et poussant un battant en bois vermoulu, le consul de Sa Majesté Britannique à Naxos introduisit Henry Norton dans une vaste salle voûtée, pareille à un de ces celliers où les riches abbayes aimaient jadis, en Europe, à recueillir les tonneaux et les futailles pleins de l'honneur de leurs vendanges.

Le jour n'entrait dans ce lieu solennel que par la large baie au milieu de laquelle était pratiquée la porte en bois, et dont le charpentage contenait en outre trois fenêtres de rang. Les murailles étaient crépies à la chaux. Le sol, pavé dans le même système que la rue, avec laquelle il s'unissait absolument, était de plain-pied avec elle. Au fond de l'appartement s'étendait un tapis vieux et extrêmement délabré, et là erraient quelques meubles : un bahut en bois sculpté dans le goût vénitien, deux ou trois fauteuils couverts en velours d'Utrecht jaune, des chaises de paille et une table ornée de vases en albâtre de la fabrique de Florence. Les portraits de la reine Victoria et du prince-consort évidemment exécutés par un ennemi mortel de la dynastie hanovrienne, furent signalés au commandant avec un certain orgueil. Peu de chefs-d'œuvre pareils existaient dans l'île.

A peine assis, Norton fut pris d'un désir puissant de ne pas passer sa journée à regarder la voûte blanche arrondie au-dessus de sa tête; en conséquence, il consulta ses amis sur la meilleure manière d'employer le temps. On posa en principe qu'on ne le quitterait pas d'une minute, et il s'aperçut que réclamer la solitude serait à la fois désoler ses hôtes et les blesser gravement. Ce premier point ne fut donc discuté qu'autant que la discrétion parut lui en faire un devoir. Norton s'aperçut ensuite qu'il ne lui fallait pas songer à envelopper son séjour dans un incognito impossible. L'apparition d'un bâtiment de guerre dans le port de Naxos était un événement si extraordinaire, que toute la vie sociale du pays s'en trouvait affectée; partout on en parlait; la grande nouvelle volait sur les ailes de la renommée avec une rapidité si prodigieuse qu'avant peu d'instants elle allait avoir traversé de part en part les vallons les plus solitaires; dès lors rien de plus nécessaire que de satisfaire la juste curiosité des notables, et aller montrer aux évêques, aux deux ou trois représentants des plus grandes familles du pays ce que c'était qu'un commandant anglais, espèce d'entité dont les plus savants avaient entendu parler, mais que nul n'avait vue. Ce devoir accompli, on se rendrait à la campagne chez M. Phrangopoulo, et on y passerait le reste du jour.

Les choses ainsi arrangées, Henry se mit en devoir de s'exécuter gaillardement. Sur le pas des portes, hommes, femmes, enfants étaient rassemblés et saluaient l'étranger du meilleur sourire du monde. Ces braves gens avaient l'air de nonchalance et de calme que donnent le loisir et l'absence de besoins. La beauté de la plupart des femmes était saisissante. Un ciel magnifique, une cité pittoresque à l'excès, et toute petite et toute ramassée, et toute semblable au nid d'une seule famille, la paix la plus inaltérable, un charme extrême sur beaucoup de visages, la bonne humeur sur tous, voilà ce qui accueillait le nouveau venu, et il n'avait pas l'âme faite de façon à n'en pas être doucement remuée et attendrie. Deux heures ne s'étaient pas écoulées depuis que les vieux gentilshommes s'étaient présentés sur *l'Aurora,* et Henry Norton ne les trouvait plus ni ridicules, ni même singuliers; il n'apercevait plus en eux que leur exquise politesse, leur désir de se rendre agréables, la distinction vraie et la noblesse native de leurs manières.

Dans toutes les visites, du café et des cigarettes furent présentés. Les questions sur l'état de l'Europe eurent leur cours légitime, et ces préliminaires indispensables accomplis à la satisfaction universelle, et notamment à celle de Didon, pressée d'en finir, les trois amis quittèrent l'enceinte de la forteresse et le champ de décombres qui en couvrait les pentes pour aller trouver derrière une masure trois mulets mandés par M. Phrangopoulo, et qui allaient avoir l'honneur d'emporter les voyageurs.

Marcher à Naxos dans les sentiers voisins de la mer serait une tâche, sinon impossible, du moins difficile et fatigante. Tout est sable et sable mouvant, fin, profond; des haies épaisses, hautes et fleuries, encadrent ce sol instable et grimpent sur les rochers qui le bordent. On va ainsi pendant plusieurs heures. Le ciel rit, le soleil brûle. Puis les montagnes se découvrent les unes après les autres, arrondies, coupées par des ravins profonds. Quelques chênes verts, des lentisques; au pied des pentes, des ruisseaux d'une fraîcheur adorable et des lauriers-roses en foule. Un peu de bétail erre çà et là. Sur les collines se dressent, comme des enfants gracieux qui font les mutins, de petits châteaux carrés d'une blancheur éblouissante, ayant peu de fenêtres, et aux coins quatre poivrières à toits ronds. Quelques-uns sont crénelés Ces manoirs minuscules, tout à fait féodaux, produisent un effet singulier dans une île grecque. Ce sont des souvenirs du temps où les pirates barbaresques couraient les mers environnantes, tentaient des descentes hardies, et, enlevant les belles filles, allaient les vendre sur les marchés de Constantinople, d'Alexandrie ou de Smyrne, donnant ainsi naissance à une quantité de romans dont la presque totalité est restée inédite. Les populations, peu soucieuses de se prêter à ces incidents poétiques, n'osaient habiter sur les plages, et c'est pourquoi, dans tout l'Archipel, les habitations planent constamment au sommet des hauteurs, et autant que possible sur une élévation d'où l'on pouvait découvrir la pleine mer.

Rien n'est joli comme ces castels; ils sont entourés de vignes, d'orangers énormes, de figuiers, de pêchers et de plantations de toute sorte, fort peu soignées sans doute, mais d'autant plus plantureuses, libres et vivaces.

Après avoir marché pendant deux ou trois heures, un de ces petits châteaux se montra au penchant d'une colline. Plus blanc que les autres, plus attirant, plus élégant, plus coquet, dressant plus finement ses quatre tourillons, entouré d'arbres plus verts, plus touffus, plus chargés de citrons et d'oranges, plus contourné de vignes, il frappa d'abord les regards de Henry Norton, et les retint. Ce fut une sorte de fascination, et quand M. de Moncade, qui portait volontiers la parole, eut annoncé que c'était là le but de la promenade et que, passé un petit pont jeté sur le ruisseau, on allait trouver le domaine de son ami, le voyageur anglais eut l'impression que c'était une sorte de Rubicon qu'il allait franchir, et qu'il laisserait sur une rive sa vie ancienne pour, sur l'autre, recommencer une nouvelle existence.

De pareilles visions se produisent quelquefois et sont trompées ; elles dépendent de l'humeur où l'on est, du temps qu'il fait, d'un bien-être physique mieux senti. Les natures nerveuses non-seulement s'ébranlent en mille occasions à propos de tout et à propos de rien, et, qui pis est, elles s'abandonnent volontiers à la créance que leurs oscillations sont d'une importance prophétique et leur ouvrent l'avenir. Il arrive, en conséquence, qu'elles s'égarent ; mais ce serait un genre particulier de superstition que de réduire en axiome qu'elles se trompent toujours.

En tout cas, ceci est certain : Norton s'avança vers le petit manoir le cœur tout ouvert, l'âme exaltée d'une joie sans cause et se laissant caresser l'esprit par mille idées, par mille pensées, par mille sentiments tous plus vifs, plus gais, plus animés les uns que les autres.

Naturellement, dans cette île montagneuse de Naxos, on monte constamment ou l'on descend. Ici les promeneurs gravirent encore un sentier caillouteux et tournant, fort roide, et furent ainsi conduits à travers quelques cours et par-devant des maisons de paysans jusqu'au sommet de l'éminence où était juché le manoir, et mettant pied à terre au bas d'un étroit escalier de pierre, ils atteignirent une terrasse aussi étroite, pour entrer dans une salle très-semblable à celle que Norton avait déjà admirée en ville chez M. de Moncade. C'était de même un long cellier blanchi à la chaux, voûté comme une église, clair et plus simplement, ou si l'on aime mieux, plus pauvrement meublé encore. Un sofa bas recouvert d'indienne régnait au bout de l'appartement, et de l'autre côté un escalier en bois, très-léger, s'élevait jusqu'à une galerie conduisant à une porte petite et basse servant d'entrée aux chambres d'habitation de la famille. On devinait de suite qu'aux époques anciennes où le château avait été bâti sur le haut d'une cime par crainte des surprises des pirates, on avait trouvé bon d'y ajouter la précaution supplémentaire, au cas où ces redoutés envahisseurs auraient trouvé moyen de descendre à terre sans être aperçus, de pouvoir leur abandonner le bas de l'habitation en se réfugiant dans le haut, qu'un coup de pied donné à l'escalier suffisait pour isoler. Somme toute, le manoir n'avait que quatre ou cinq pièces, et se terminait par une plate-forme flanquée des quatre guérites, et sur laquelle séchait à ce moment la récolte du maïs.

Tout cela fut visité et examiné par Norton dans le plus grand détail, et quand il se fut rassasié de la beauté du paysage étendu autour de la vieille demeure vénitienne, il revint à la grande salle, où l'attendait un spectacle d'une autre espèce. La partie féminine de la famille était réunie sur le sofa. Il y avait la mère, madame Marie Phrangopoulo, respectable matrone fort grasse, peu mobile, faisant rouler gravement entre ses doigts ronds et courts les grains de son chapelet. On lui voyait les grands yeux noirs du pays et un air de calme absolu; pas l'ombre d'animation, mais quelque vingt ans en çà elle avait dû être ce qui s'appelle une beauté. La dame assise à côté d'elle, et que l'on dit à Norton être sa belle-fille, était brune; elle avait la figure accentuée, avec des cheveux noirs lustrés admirables, un regard d'une profondeur à faire réfléchir; peut-être n'y avait-il rien au fond, mais c'est là un mystère à laisser à l'écart; c'était madame Triantaphyllon Phrangopoulo. A son jupon se cramponnaient deux petits garçons, l'un châtain et l'autre brun comme elle, tous deux beaux comme des anges et regardant l'étranger de cet air d'implacable méfiance et de profonde admiration toujours si plein de charme chez les enfants. La jeune femme tenait un troisième baby sur ses genoux, et celui-là serrait entre ses petites mains roses une orange où se concentraient toutes ses facultés; une fillette de quelques mois était portée par une petite servante syrienne, et à ce sujet il faut dire ici que tout le passé des îles se reflète d'une manière bien exacte dans le présent. Aux temps antiques, les Cyclades ont vu s'établir sur leurs plages plus d'Asiatiques que de Grecs, encore plus de Phéniciens que d'Hellènes, et les antiquités qu'on y trouve montrent moins rarement les idoles difformes de Tyr et de Sidon que les dieux élégants d'Athènes; aujourd'hui les choses vont à peu près de même. Les Athéniens n'ont pas de hâte pour venir s'échouer sur ces plages, où les séductions de la nature luttent vainement contre les appels de la grande Constantinople, de la commerçante Smyrne, de l'opulente Alexandrie, et, de leur côté, les peuples de Chanaan n'ont pas désappris les anciens chemins; c'est pour ce motif que l'on rencontre des serviteurs de leur race à Naxos, où ils se mêlent parmi les successeurs des chevaliers de la croisade.

Norton examinait en lui-même tous ces détails quand il entendit la porte de la galerie haute s'ouvrir, et à l'apparition de la personne qui se présenta, il se crut d'abord le jouet d'un rêve tant il s'y attendait peu. C'était une jeune fille plus que modestement vêtue d'une robe de cotonnade brune à pois blancs, taillée et cousue certainement par elle-même, et qui, très-impuissante à lui servir de parure, n'était absolument qu'un vêtement. Des manches larges attachées aux poignets; pas de dentelles, de mousseline : rien de plus austère. Une taille élancée, forte, ferme, saine, la carnation d'une des néréides de Rubens; des yeux merveilleux, brillants comme des saphirs bleus et de la même transparence que ces pierres, et une chevelure mordorée, épaisse, abondante, tordue et, semblait-il, avec quelque impatience de la peine qu'elle donnait pour la soumettre, bien que plus fine que la soie et souple à miracle; la bouche la plus rose, le sourire le plus épanoui, les dents les plus dignes de la comparaison ancienne avec un rang de perles; une candeur adorable et sans tache se montrant, se prouvant d'elle-même au premier aspect; le calme charmant de la sécurité.

Devient-on amoureux du premier coup, ou ne l'est-on qu'après plusieurs blessures? C'est une question discutée entre les doctes. Il semblerait pourtant qu'il en doit être de l'amour ainsi que de la mort, plus faible que lui, au dire du livre saint.. Quand on n'est pas tué dès la première atteinte, c'est que l'on a été mal navré; mais le coup qui vous jette à terre pour toujours aurait pu se passer de ceux qui l'ont précédé. De même, au moment où l'amour vous terrasse, c'est qu'il avait frappé juste, et ainsi de fait on se trouve amoureux dès le premier moment. Norton aurait probablement contredit cet axiome. Jamais les gens fiers n'aiment à se voir renversés à la première étreinte. Pourtant, lorsque la jeune demoiselle, ayant atteint le bas de l'escalier, traversa la longue salle pour venir s'asseoir à côté de sa mère, le commandant jugea nécessaire d'appeler à son secours toute la roideur civilisée afin de couvrir son émotion, et il s'imposa un air froid et compassé digne du pavillon britannique. Ce ne fut nullement sa faute si la démarche souple, noble, d'une grâce inouïe de la nouvelle arrivée présenta à sa mémoire l'hémistiche de Virgile sur la façon dont s'avancent les déesses; ce le fut encore bien moins quand, la jeune fille étant assise, il vit les yeux de toute la famille attachés sur les siens et toutes les bouches souriant avec le plus candide orgueil, tandis que M. de Moncade lui disait de l'air d'un homme qui expose une vérité incontestable :

— Je pense que vous n'avez jamais rien vu d'aussi beau que ma filleule Akrivie ?

Chacun parut attendre la réponse du commandant avec une entière confiance; l'objet d'une telle remarque sourit sans nul embarras, et parut convaincue elle-même qu'il était impossible de disputer sur ce qui venait d'être dit. Norton, ahuri d'une infraction si exorbitante à tous les usages et aux plus sacrées convenances, prit une attitude embarrassée et fit un salut. On ne saurait absolument répondre qu'il ne sentit pas surgir dans un coin de sa cervelle quelqu'une de ces vilaines méfiances dont les gens cultivés ont provision. Mais si ce malheur lui arriva, il faut répondre à sa louange qu'il ne permit pas à cette infamie de se produire devant sa réflexion, et tout ce qui en résulta, c'est que, par une réaction qui lui fit honneur, il passa sur le ventre du CANT britannique pour répondre paisiblement à M. de Moncade :

— Je ne croyais pas qu'il pût rien exister d'aussi parfait que mademoiselle.

— Ce n'est pas, poursuivit le consul d'Angleterre, que ma filleule n'ait de dignes rivales dans notre île. Lorsque vous viendrez dimanche à la messe, vous verrez que nos jeunes filles sont jolies ; mais une autre comme elle ne se rencontre pas, c'est un fait incontesté, et cela ne la fâche pas. Voulez-vous une cigarette ?

On passa du tabac. Norton se dit :

« Je suis fou ou occupé à le devenir. Elle est jolie ; à quoi servirait de le contester ? Mais fagotée comme on ne l'est pas ! Elle me paraît gracieuse, parce que je suis à Naxos et que je la vois à travers un fouillis d'orangers et de lauriers-roses ; dans un salon de Londres, ce serait différent. Je crois entendre d'ici les bonnes remarques de lady Jane. Quel massacre ! Et puis, d'ailleurs, quelle éducation a reçu cette malheureuse enfant? Elle doit être sotte à plaisir ! Il faut que je la fasse causer. »

Dans les pays du Levant, des gens se voulant du bien et heureux d'être ensemble, jouissent volontiers de ce plaisir pendant des heures entières sans ouvrir la bouche. On reste assis, on fume, on se regarde, on est content, on ne souffle pas mot, et on n'a pas la moindre envie de faire de l'esprit. C'est ce qui explique comment les habitants de ce pays-là ne s'ennuient jamais. Norton aurait donc pu prolonger indéfiniment son reploiement en lui-même sans que le fait parût extraordinaire. Le maître de la maison, aidé d'un petit domestique, préparait savamment des limonades. Madame Marie comptait les grains de son chapelet avec béatitude. Madame Triantaphyllon berçait doucement le gros baby, qui, ayant réussi à faire un trou dans son orange, s'était endormi en la suçant, et les deux garçons étaient partis avec la servante syrienne et le nourrisson. La belle Akrivie regardait franchement l'étranger, et, sans nulle malice, elle le contemplait comme lui offrant un spécimen d'homme différent de ce qu'elle avait jamais vu. Quant à M. de Moncade, il fumait avec une gravité qui eût été fort digne de respect de la part d'un chef mohican épuisant le calumet de paix.

Norton, suivant son projet dédaigneux, essaya de lier conversation avec Akrivie dans le but innocent d'inventorier le mobilier de son esprit, pour plus tard passer à celui de son cœur. C'était le remède cherché à la commotion reçue trop vite. L'esprit lui parut singulier; il n'y vit rien de ce qui orne l'imagination d'une jeune demoiselle dans les pays heureux où fleurissent les bonnes éducations et les salons distingués. A vrai dire, elle ne savait quoi que ce soit, et ne paraissait pas se douter de l'utilité d'être autrement. Norton découvrit par hasard qu'elle croyait l'Espagne voisine de l'Amérique, sans savoir d'ailleurs où gisait cette partie du monde, assez éloignée de Naxos, suivant toute probabilité. Il eut la pédanterie de chercher à réformer ses notions à cet égard. Elle le laissa dire, et ne parut pas accorder la moindre attention à ses paroles. Il la trouva sensible à la perspective de voir les Chrétiens rentrer en possession de Constantinople, et, au rebours de son père et de son parrain, fort animée contre les Turcs, dont elle souhaitait ardemment la destruction radicale. Elle ne doutait pas que ces monstres ne mangeassent les enfants vivants, et elle les croyait à la veille de faire de nouvelles descentes dans l'île. Norton la trouvant fortement imbue de poésie en matière politique, essaya de la mettre sur la littérature; là, elle montra un vide absolu : elle n'avait jamais rien lu que son livre de prières, et ne l'avait nullement commenté. Il s'étonna que cette imagination, montée à voir des choses si singulières à propos de la future conquête de l'impériale Stamboul et à en entourer la scène de si riches inventions, n'eût pas l'air de soupçonner le moindre charme dans les pages imprimées d'un livre. Il voulut se rabattre à l'analyse des beautés pittoresques de l'île et de la mer. Akrivie parut flattée que le gentilhomme anglais trouvât le pays à son gré; comme elle n'en connaissait pas d'autre, elle était foncièrement convaincue que c'était le plus beau du monde et le plus aimable; mais, précisément à cause de l'impossibilité des comparaisons, elle sembla indifférente et fermée à tout enthousiasme sur ce sujet. Ainsi elle ne parlait de rien, elle ne savait rien, elle n'avait réfléchi à rien, et n'avait ce qui s'appelle de conversation sur rien. Cependant elle souriait, elle ouvrait ses beaux yeux, et elle était ravissante.

Norton ne put réussir à la trouver sotte. Il arriva même tout le contraire. Des éclairs du jugement le plus droit, de la conviction la plus imperturbable et la plus absolue, une visible vigueur, une santé certaine dans cet esprit quasi-sauvage lui donnèrent plus à penser que n'eussent pu faire les effusions les mieux fleuries, dont la meilleure part eût simplement, dans un esprit aussi raffiné que le sien, ravivé des souvenirs et remué des citations. L'entretien le promenait non dans une plaine stérile, mais sur une terre inculte, ce qui est fort différent pour celui qui cherche à se rendre compte des ressources d'un pays. Il ne trouva pas ce qu'il demandait; il soupçonna des choses dont il ne savait ni le nom, ni l'usage, ni la valeur intrinsèque, et qui cependant avaient du prix, et plus Akrivie mettait de franchise dans ses rires, plus elle ouvrait ses grands yeux en le regardant et semblait disposée à le laisser lire au fond de son âme, moins il la comprenait, et il arriva naturellement qu'à l'attrait de la voir si belle se joignit bientôt celui de la trouver d'autant plus mystérieuse qu'en vérité elle-même ne s'en doutait pas.

Elle se montra femme sur un point essentiel. Par un hasard, et comme par inspiration, il eut l'idée de lui parler toilette. Ici l'intérêt d'Akrivie fut visiblement éveillé, comme aussi celui de sa belle-sœur, et sa mère elle-même eut une commotion dans sa léthargie. Mais Norton s'aperçut que pour être vraiment compris, il ne fallait pas monter trop haut; Akrivie et Triantaphyllon considéraient sincèrement une robe de velours comme le dernier point possible de l'élégance humaine, et des bracelets d'or comme devant combler tous les vœux de la mortelle la plus exigeante. Quant aux modes proprement dites, elles ne s'en rendaient pas un compte très-exact. En somme, Norton ne s'ennuya point; il s'intéressait même de plus en plus à mesure que l'intimité s'ac-

croissait, de sorte qu'il fut assez surpris
quand ses hôtes lui dirent que s'il voulait regagner son bord le même soir, comme il en
avait exprimé à plusieurs reprises la ferme
intention, il était juste temps de se mettre en
route. Mais on le supplia de si bonne grâce
de revenir le lendemain, qu'il s'y engagea
volontiers.

Les gens amoureux, ainsi que les esprits qu'un
dieu anime, ont probablement des lumières refusées aux autres mortels. Ils tournent volontiers en incidents gros de conséquences et en
révélations extraordinaires des faits que les têtes
calmes considéreraient comme insignifiants.
Norton, homme sage d'ordinaire, fut sensiblement préoccupé de la conduite de Didon pendant cette journée mémorable. Lorsque Akrivie était apparue au haut de l'escalier, Didon
s'était levée de la place qu'elle avait choisie aux
pieds de son maître, et où, la tête allongée sur
ses deux pattes de devant, elle avait eu visiblement l'intention de se reposer des fatigues
de sa promenade. Regardant avec fixité la jeune
fille pendant tout le temps mis par celle ci à
descendre les marches, elle s'était avancée

au-devant d'elle, et voyant qu'on ne prenait pas garde à ses avances, l'avait suivie affectueusement jusqu'au sofa, s'était assise et n'avait pas cessé de la considérer de ses grands yeux noirs qui brillaient comme des escarboucles au milieu de sa toison plus noire encore. Elle ne l'avait pas perdue de vue une minute pendant cette longue visite; à deux ou trois reprises, elle avait posé sa lourde patte sur les genoux de celle qui lui inspirait une si vive sympathie et avait réussi à se faire caresser, à sa visible satisfaction. Enfin, quand il fut bien résolu qu'on s'en allait, Didon se fit appeler trois fois avant d'obéir à son maître; celui-ci garda dans son cœur l'impression d'une conduite si étrange de la part de sa favorite. Rien de pareil n'était jamais arrivé; Didon ne s'était jusqu'alors laissé distraire par qui que ce soit de son affection absolue pour Henry, et Thompson lui-même, le grand et influent Thompson, chargé de régler les détails de sa vie domestique, et qui avait tenu toujours une place distinguée dans son estime, n'avait pu cependant lui inspirer rien qui ressemblât à de telles préférences. Norton fut presque épouvanté de voir Didon aussi peu sensée que lui.

Il était tard quand le commandant, après avoir dit adieu à ses deux excellents et aimables hôtes, eut regagné *l'Aurora*. En montant l'échelle, en apercevant les hommes de garde qui vinrent le recevoir avec une lanterne, en répondant au salut de l'officier, il rentra dans son monde de tous les jours, celui où il avait l'habitude de se trouver à l'aise. Cette fois-ci, il n'éprouva pas la même impression, et, aussi vite qu'il put, il traversa la réalité pour se replonger dans le rêve. Cependant il lui fallut entendre le rapport du second. Tout allait bien sur *l'Aurora*. Les très-légères avaries étaient en voie d'une prompte réparation; les officiers avaient passé la journée à terre et trouvé une place admirable pour y installer une partie de cricket, laquelle avait été des plus mouvementées. On se proposait de recommencer le lendemain. On avait acheté des moutons superbes, au dire du cuisinier, et des légumes frais dont on avait apprécié à dîner la saveur exceptionnelle. Le second assura à son chef que Naxos était un excellent pays. Norton craignait fort de ne partager que trop cette manière de voir, bien que pour d'autres motifs; il descendit chez lui, suivi de Didon, dans laquelle il entrevoyait avec une certaine terreur des préoccupations analogues aux siennes.

Mais il ne put tenir sur son lit. Il alluma un cigare, regagna le pont, et là commença une de ces promenades monotones, chères aux marins, dans lesquelles ils ont coutume de dépenser l'excédant de leurs rêveries, de leurs désirs étouffés, de leurs projets non réalisés, de leurs ennuis trop pesants. De l'extrémité de l'arrière au pied du grand mât, il marchait, l'esprit à mille lieues du monde des planches et des cordes où son corps s'agitait. Le ciel de la nuit était limpide et profond, la lune étincelante; chacune des milliers d'étoiles flamboyait; certainement son âme ne brillait pas moins en lui-même. Elle passait, comme un général d'armée, une étrange revue; celle des formes charmantes auxquelles depuis qu'elle se connaissait elle avait voué, ne fût-ce qu'une semaine, un sentiment de tendre admiration. La fraîche Irlandaise aux traits fins qui l'avait fait rêver quand il était sorti d'Eton; Molly Greeves,

qui avait tant pleuré quand il avait quitté la
maison de son oncle après son premier congé;
Catherine Ogleby, à laquelle il avait été fiancé,
et qui avait épousé un officier des gardes pendant son séjour en Chine; Mercedès de Silva à
Buenos-Ayres, Iacinta à Santiago, Marianne
Ackerbaum dans un des ports de la Baltique;
en vérité, en vérité, il avait aimé tout cela,
plus ou moins, mais il avait aimé; il avait espéré, il avait cru, il s'était agité, il avait eu
plaisir, peine, peur, ennui, douleur, joie intense, tristesse réelle; tout cela n'était plus
que cendres, mais il avait aimé, et ces cendres
se réunissant dans un nouveau foyer servaient
maintenant à le rendre plus chaud, et au milieu, dessus, d'un nouveau bois, d'une nouvelle
flamme et plus haute de beaucoup que toutes
celles qui l'avaient jadis animé, s'élançait son
amour pour la fille de Naxos.

Les comparaisons qu'il pouvait faire entre
les sentiments dont il avait été successivement
occupé et celui qui venait de l'envahir l'amenaient invinciblement à cette conclusion qu'il
aimait cette fois d'une manière nouvelle, plus
forte, plus dominatrice, à coup sûr plus péné-

trante et qui saisissait jusqu'à la dernière des fibres de son être. Était-ce dû seulement à la beauté d'Akrivie? Cette beauté, il est vrai, était incomparable et supérieure à ce qu'il avait jamais vu ou révé; cependant elle n'eût pas suffi à opérer le miracle. On n'aime plus aujourd'hui une femme uniquement parce qu'elle est belle; cela arrivait autrefois, dans les temps antiques, dans les temps barbares, mais ne saurait plus se produire chez des esprits aussi raffinés que ceux de l'époque actuelle. L'énergique David, fils de Rup, voulant à tout prix posséder une Bethsabé, dont il ne connaissait que les belles épaules, faisait tuer, à cette intention, son meilleur serviteur, accumulait les iniquités, et risquait de se brouiller à jamais avec Jéhovah pour cette belle affaire. De même encore Pâris, fils de Priam, devait aller au-devant de tous les malheurs sur la simple vision de posséder un jour la créature la plus physiquement accomplie de l'univers; bien que ne l'ayant jamais vue, il l'adorait d'avance et de confiance en cette qualité. Mais ce ne sont pas là des sentiments modernes, et Norton, grand analyste, n'avait pas besoin de considérer longtemps l'état de son cœur pour se convaincre que l'agitation qu'il y voyait n'était pas le résultat de la seule influence des yeux. D'où venait-elle donc? Akrivie était sans esprit, montrait l'ignorance baptismale en toutes choses, et, dénuée de la moindre coquetterie, n'avait cherché en rien à plaire pas plus qu'à déplaire à son admirateur; s'il lui avait inspiré un sentiment quelconque, c'était celui de la curiosité, et il n'en était résulté sans doute sur l'imagination de la belle qu'une impression de la singularité des étrangers en général et des capitaines de la marine anglaise en particulier. Et pourtant Norton devinait quelque chose d'autre encore dans cette nature, si différente de celle des autres femmes qu'il avait plus ou moins aimées; cette autre chose l'attirait, le charmait, en un mot qui contient tout, le rendait amoureux comme il l'était devenu. Il mit du temps à découvrir le secret; à la fin il y réussit, et cela lui faisait honneur.

Les conditions d'existence réunies autour d'Akrivie étant exactement celles où se trouvaient les femmes d'il y a trois mille ans, isolement, affections limitées, ignorance absolue du monde extérieur, le résultat produit avait été pareil sur la fille de Naxos à ce qu'on avait pu le voir sur les tempéraments d'élite de ces temps reculés. Les qualités natives de la jeune fille n'avaient pas été supprimées mais concentrées, et au lieu de s'épandre luxueusement en fibrilles multipliées, couvertes de feuilles, de fleurs, de fruits, elles avaient poussé droit en branches fortes, sans nœuds, montant vers le ciel, ayant du charme mais encore plus de majesté, de la séduction, mais plus encore de grandeur. Toute la puissance de son âme s'était concentrée dans son entourage, et aucune curiosité de regarder au delà ne l'agitant, ne l'occupant même, rien de ce qu'elle avait d'énergie pensante n'avait été distrait de ce qu'elle devait aimer, et aucun instinct ne l'avait portée à en agrandir le cercle. Encore une fois, Akrivie était la femme des temps homériques, ne vivant, n'existant, n'ayant de raison d'être que par le milieu où elle se mouvait, fille, sœur exclusivement, en attendant qu'elle devînt, d'une manière non moins absolue, épouse et mère. L'être indépendant se retrouve peu dans de telles natures; ce sont des reflets; elles ne peuvent et ne veulent être davantage, et leur gloire et leur valeur, qui ne sont pas petites, sont là. Rien qui ressemble moins à la femme parfaite, telle que les sociétés actuelles l'ont inventée et la réalisent plus ou moins ; celle-ci veut, cherche, arrive ou échoue à ses périls propres ; en tout cas, elle est fort différente de l'autre, et, sans injustice, on ne saurait jamais les comparer. Quoi qu'il en soit, bien ou mal, voilà ce qu'était Akrivie, et Norton le voyait. Elle lui rappelait avec raison une de ces belles filles peintes sur les vases athéniens, puisant l'eau dans leur amphore à la fontaine de la cité, et regardant d'un œil impassible les héros se battre et mourir pour leur conquête aussi longtemps que le résultat de la lutte ne les a pas consacrées au vainqueur.

Voici le plus curieux : Norton, homme du monde par excellence, fait à la meilleure et à la plus brillante compagnie de l'Europe, gardait au fond du cœur, à l'état latent et sans l'avoir jamais aperçu lui-même, faute d'occasion, un attrait puissant pour cette sorte de tempérament féminin. Il s'en étonna d'abord, car, jusqu'à ce jour, il avait été constamment séduit par les qualités contraires. En y regardant bien pourtant, il s'accorda sans peine que le charme n'avait jamais été d'une longue durée ; les ruptures avaient eu lieu sans autant de souffrance qu'il en aurait fallu pour être un amant parfait ; à l'extrême vivacité de l'une de ses maîtresses, à l'esprit étincelant de l'autre, à la tendresse abandonnée d'une troisième, il avait trouvé des arrière-goûts ; disposition funeste ressemblant fort à l'ingratitude et dont il s'était accusé en secret. Maintenant, il se prenait à aimer une sorte de grande enfant, étrangère à ses habitudes, à ses admirations, à ses mœurs, à ses idées, et cela sans avoir de meilleure raison à se donner que, visiblement, elle était la complète antithèse de ce qui ne lui avait qu'à moitié plu jusqu'alors ; il en concluait qu'elle était née et faite pour lui.

C'est en tant qu'Anglais, et Anglais jusqu'au bout des ongles, Anglais d'imagination comme de sang, que l'événement avait lieu. Cette race normande, la plus agissante, la plus ambitieuse, la plus turbulente, la plus intéressée de toutes les races du globe, est en même temps la plus portée à reconnaître et à pratiquer le renoncement aux choses. Norton, né dans une situation sociale propre à lui permettre de prétendre à beaucoup, ne s'était jamais reposé sur les protections qui entouraient sa jeunesse, et, par orgueil comme par activité naturelle, il s'était donné autant de mal que l'eût pu faire un homme de rien pour gravir le plus vivement possible les échelons de son métier. Il avait navigué, travaillé sans relâche, lu énormément, beaucoup pensé, et chaque fois qu'une occasion d'agir s'était présentée, il ne l'avait jamais laissée échapper. On a déjà vu qu'il avait dans l'esprit infiniment de poésie ; mais en aucun cas il n'avait permis à la rêverie d'intervenir entre lui et les faits ; le monde ambiant n'avait connu de son âme que le côté pratique et l'âpreté judicieuse, honorable, mais enfin l'âpreté au succès. Et c'était à ce moment où, parvenu jeune à un degré supérieur dans son état, tout lui devenant facile, promenant sur ce tout un regard désenchanté, il se demandait à lui-même quelle était la valeur intrinsèque des biens pour lesquels il avait si obstinément lutté jusqu'alors. Cette question, il se l'était adressée bien des fois depuis quelques mois déjà, et à chaque rencontre, il trouvait plus difficile de résoudre le problème, ou, pour mieux dire, il descendait un degré de plus vers une réponse méprisante. C'était à ce tournant de son existence que la fortune l'amenait à Naxos, où rien de ce qu'il avait contemplé jusqu'alors n'existait, et elle lui montrait Akrivie.

Le jeune commandant se rendit compte de tout. Pendant sa promenade nocturne, il aperçut avec lucidité le point où il en était. Il se vit sollicité par des forces divergentes. Encore l'homme de la veille, déjà l'homme du lendemain, juge et arbitre entre les deux, tout ce qui lui appartenait d'énergie dans l'âme fut employé à ne pas hâter une solution. Car, se dit-il avec une certaine amertume, la carte que je suis disposé à jeter dans cette partie sera une carte décisive, et ces coups-là ne doivent pas se jouer sous les dangereuses influences d'une nuit sublime et d'un cœur troublé.

C'était un homme logique et suprêmement maître de lui. A la grande joie de Didon, qui dormait mal sur les planches et avait depuis longtemps envie de s'étendre en bas sur sa peau d'ours, il alla se coucher. Dès le matin, de bonne heure, il était sur pied, et trouva la majeure partie de ses officiers déjeunant à la hâte, pour courir reprendre leur partie de cricket et revêtir des costumes étranges, que tout véritable Anglais chérit en pareille circonstance. Des bottes montantes ou des brodequins de couleur, des pantalons de tricot blanc serré ou des hauts-de-chausses bigarrés flottants sur les hanches, des camisoles rouges, ou bleu de ciel, ou rayées de mille façons, le cou, les bras nus jusqu'à l'épaule, quelquefois des gants de peau de daim, des casquettes extravagantes ou des chapeaux de paille avec des rubans, et l'énorme battoir, instrument du jeu, sur l'épaule, c'est dans cet équipage que le gentleman imbu du respect de lui-même doit se produire à l'admiration publique! Que ce soit sur une prairie anglaise, sur une savane de l'Australie, en vue d'une pagode de la Chine, sur une plaine glacée aux environs du pôle Nord, un Anglais de bonne fame et renommée qui va jouer au cricket ne saurait s'affubler autrement sans se compromettre. Norton souhaita beaucoup de plaisir à ses compagnons, et ayant, dans sa baleinière, rapidement atteint le rivage, il y trouva fidèlement MM. de Moncade et Phrangopoulo, arrivés là pour l'attendre, et toujours dans leurs habits antiques et leurs hautes cravates blanches; il échangea avec ces vénérables personnages deux franches poignées de main, et sautant sur le mulet préparé, il reprit avec eux le chemin du manoir.

La journée se passa mal pour Norton, bien qu'en réalité aucun incident saisissable ne fût venu s'y produire. Mais les amants ont une manière à eux d'apprécier ce qui arrive. La réception du marin anglais par les dames avait pourtant été plus cordiale que la veille, par ce seul fait qu'il était déjà mieux connu. Madame Marie n'avait pas plus parlé, mais elle s'était montrée plus à l'aise. Madame Triantaphyllon avait été réjouie de voir son plus jeune enfant dans les bras du commandant et lui prenant les cheveux à pleines mains sans témoigner aucune crainte; Akrivie s'était montrée aussi insoucieuse, mais Norton, et là était le sujet de peine, en avait sagement conclu que cette grande tranquillité indiquait trop qu'il n'avait fait aucune impression et qu'il n'existait même pas de raison de croire qu'il en pût faire jamais. Ce dernier mot est assuré de tenir constamment une place distinguée dans le vocabulaire des gens épris.

De sorte qu'il ne se passa rien, et seulement Norton fut de plus en plus confirmé dans son opinion touchant le caractère de la belle Naxiote, et comme il y avait en lui un combat marqué entre l'homme civilisé qui voulait être aimé et sentait ne pas l'être, et l'homme ennuyé et quasi dégoûté, tout enclin à brûler ce qu'il avait adoré et à adorer ce qu'il ignorait, il revint à bord, contrit d'une part, jurant qu'Akrivie était une sotte, sans âme et sans chaleur, et d'autre part disposé plus que la veille à trouver que c'était une grande âme, bien digne d'être son initiatrice à une vie meilleure et plus libre, plus logique et plus vraiment mâle que celle dont jusqu'alors il avait suivi les pratiques. Il ne se promena pas sur le pont, se coucha, mais Didon fut seule à dormir. Comme le cricket avait été semé des incidents les plus dignes d'être commentés, Norton entendit fort tard des discussions animées dans le carré des officiers. Il n'avait pas fermé l'œil quand le jour le mit sur pied, et, après avoir donné ses instructions à son second et écouté les différents rapports d'usage qui lui parurent, peut-être pour la première fois de sa vie, parfaitement ridicules et souverainement insupportables, il alla retrouver ses deux hôtes, plus que jamais revêtus de leurs immortels habits noirs.

Cette troisième journée se distingua par un fait de conséquence. Norton proposa à la compagnie une partie en mer, et l'occasion en fut fournie par l'à-propos d'aller voir où en était le volcan nouvellement apparu à Santorin. Il n'y a que peu d'années que ce grand phénomène a commencé ou plutôt recommencé, et le commandant vanta ce que ce spectacle avait de prodigieux, afin de faire naître quelque curiosité chez les habitantes du manoir. Madame Marie secoua la tête avec dédain, et fut inébranlable dans sa résolution de ne pas bouger; madame Triantaphyllon avoua qu'elle serait bien aise de voir comment la corvette anglaise était faite; quant au reste, cela ne l'intéressait pas. Akrivie trahit un peu plus d'animation; c'était, comme sa belle-sœur, la corvette qui l'attirait principalement; mais le voyage ne lui déplaisait pas. Quant au volcan, elle s'en souciait peu ; une montagne en flammes lui semblait un pur paradoxe et ne lui inspirait rien. Les deux vieillards parurent infiniment plus excités. Ils acceptèrent avec empressement l'invitation, et, après beaucoup de débats, on convint que la belle Akrivie occuperait la chambre du commandant; son père et son parrain prendraient le salon ; madame Triantaphyllon accompagnerait sa belle-sœur jusqu'à bord et déjeunerait sur *l'Aurora*, où on lui montrerait tout, puis reviendrait à la campagne, tandis que la corvette ferait son expédition limitée à trois jours au plus.

Les conversations furent interminables; à ce sujet les questions les plus naïves et les plus enfantines furent faites, et avec une gaieté extrême; mais Norton eut le plaisir de constater une fois de plus qu'il ne causait pas à Akrivie la plus fugitive émotion.

Le lendemain, les choses se passèrent comme on l'avait arrangé la veille. A six heures du matin, la famille naxiote était sur le pont du navire. On déjeunait, on montrait le bâtiment de fond en comble aux visiteurs. Trianta-phyllon trouva ce spectacle fort extraordinaire, et il en resta pour toujours dans sa tête une étrange confusion de cordes, de mâts, de plaques de tôle, de pistons de cuivre et de fumée noire. Ce qu'elle déclara parfaitement beau, ce fut le grand canon de l'arrière, sur lequel on ne put jamais la décider à appuyer la main, bien qu'elle en mourût d'envie. Quand le moment fut venu pour elle de retourner à terre, il y avait déjà deux heures qu'elle le souhaitait ardemment, parce que c'était la première fois qu'elle avait quitté ses enfants pendant un temps si long, et elle était excessivement inquiète. Néanmoins, elle s'aperçut qu'elle l'était presque également de ce qui pouvait arriver à ses parents dans leur aventure inouïe, et avant de quitter la corvette, elle embrassa étroitement Akrivie en répandant sur son cou quelques larmes amères, mais silencieuses ; puis elle partit, et *l'Aurora*, ayant levé ses ancres, se mit en mouvement, sortit lentement du port et gagna la haute mer.

A mesure que l'on avança vers Paros et qu'Akrivie, donnant plus d'attention à ce qui se passait autour d'elle, sortit davantage de sa tranquillité, Norton remarqua avec un intérêt extrême qu'elle n'avait point une insensibilité si inébranlable qu'il avait paru jusqu'alors. Ce qui se voyait au large, ce qui se passait à bord mettait des rayonnements dans ses yeux. Henry l'épiait comme un jardinier suit les progrès d'un bourgeon qui s'ouvre et devient fleur. Elle paraissait chercher à comprendre les gens qui l'entouraient ; ceux-ci, à leur tour, faisaient de leur mieux pour obtenir un regard d'une si adorable personne, car on peut assez se figurer que l'état-major de *l'Aurora* était en admiration. Le second étalait les grâces de sa poitrine et faisait miroiter son pantalon blanc, les boutons d'or de sa chemise aux plis irréprochables et la chaîne de sa montre. Le navigating-officer, bien qu'absorbé par le service, trouvait des moments pour offrir une observation ingénieuse en donnant un tour des plus séduisants à ses favoris rouges. Les *masters* s'empressaient de monter sur le pont des fauteuils de toutes les formes, et préparaient des breuvages élaborés avec les éléments les plus étranges. Seul, le docteur, maintenu dans son calme par ses soixante ans, essayait d'obtenir, au moyen du peu de grec qu'il savait et qu'il maniait avec des procédés plus que suffisants pour donner une attaque de nerfs à Démosthène si ce grand orateur avait pu l'entendre, quelques renseignements sur la flore de Naxos, et M. Phrangopoulo lui décrivait un arbre quand son savant interlocuteur avait cru tenir la monographie d'un brin d'herbe microscopique. M. de Moncade était en admiration devant l'hélice, qui faisait alors soixante-quinze tours. Ce qui captivait le plus Akrivie, c'étaient les aspirants, surtout le plus petit. Ils étaient en ébullition par sa présence ; mais la discipline ne leur permettant pas de s'aventurer sur l'arrière, ils se contentaient de dévorer la jeune fille des yeux. Elle ne faisait d'ailleurs aucune question ; mais Norton sentait qu'elle regardait tout, et il s'amusait de la voir ainsi.

Quand on fut à Antiparos, engagé dans le chenal entre l'île et un îlot couvert de broussailles, Akrivie étendit la main avec admiration vers les grandes falaises de la côte, et dit à Henry : « C'est du marbre ! » C'était du marbre, du marbre blanc, et l'effet en est prestigieux. La mer, les vents, la pluie, les tempêtes ont en vain souillé de leurs haleines ces masses énormes d'une matière divine; elles gardent toute leur noblesse et toute leur beauté et l'étalent pompeusement au long de ces rivages. Quelques voyageurs ont déjà fait l'observation que le seul fait d'être bâtie en marbre, et même en marbre brut, suffit pour mériter à Gênes l'appellation glorieuse de Gênes la Superbe; que peut-on dire d'une île dont les rochers sont du marbre et du marbre parent de celui d'où sortirent jadis la Vénus et tant de milliers de divinités maîtresses de l'admiration du monde? Akrivie n'analysait pas ses sensations, et n'en eût pas trouvé les moyens dans sa petite raison ignorante; mais elle sentait comme par un pouvoir magnétique, et, se dit Henry en lui-même, par cette sorte d'affinité que toutes les expressions de la beauté ont entre elles, le voisinage et l'effet de la splendeur dressée devant ses regards.

On résolut d'aller se promener dans l'île, et de ne partir qu'à la nuit pour Santorin.

Chacun était gai et excité. Il est sans doute agréable de naviguer avec une jolie femme, mais il l'est plus encore de se promener avec elle sur la terre ferme. L'air de la mer, la vivacité inusitée des conversations, l'aspect de tant de choses inconnues, avaient rehaussé les couleurs du teint d'Akrivie, et ce fut en riant du meilleur cœur qu'elle accepta l'empressement joyeux des officiers à la conduire dans l'embarcation. Plus on approcha du rivage, plus on le vit aussi comme il était, c'est-à-dire un peu dépouillé du charme que prêtent de loin la pureté de l'air et les belles colorations qui en sont les accompagnements, dès lors, austère, pierreux, désert, et, pour unique végétation, ne présentant que des buissons et çà et là un arbre rabougri. Quand on eut touché le sable, Norton envoya plusieurs des aspirants à la découverte, et presque aussitôt un de ces enfants, Charles Scott, un Écossais, revint en courant apprendre à son supérieur que derrière une petite colline, à trois cents pas de la grève environ, on apercevait une demeure assez vaste. La caravane prit aussitôt cette direction, et M. Phrangopoulo, après s'être recordé avec M. de Moncade, expliqua ce que devait être le propriétaire du domaine vers lequel on se dirigeait.

Cinq à six ans en çà, un Grec des îles Ioniennes, le comte Spiridion Mella, était venu planter et cultiver la vigne à Antiparos, dans l'intention de lutter avec les produits de Santorin. Il réussissait ou ne réussissait pas, c'est ce que personne ne savait; en tout cas, il représentait dans ce coin paisible l'omniprésence et l'omniagitation de l'industrie européenne. Antérieurement, il avait représenté bien d'autres choses. Au temps de sa jeunesse, il avait servi en Russie et figuré sur les cadres d'un régiment; aide de camp d'un général, il s'était fait quelque réputation dans le beau monde de Moscou. Puis laissant là les épaulettes, il avait pris son chemin vers Constantinople, où la politique s'était emparée de lui. Préconisé par les uns, dénigré par les autres, il s'était difficilement faufilé à travers bien des méandres, et après d'assez longues années d'agitation, on l'avait vu à Alexandrie faisant le commerce. Là il s'était mis en relation avec des négociants, ce qui l'avait conduit dans l'Inde. Probablement les profits du voyage avaient été minces, car le comte Mella, retournant vers sa patrie avec un équipage très-modeste, s'était établi dans le Péloponèse, où il était resté quelques années. Cependant il avait vieilli; soixante-dix ans ou à peu près sonnaient à ses oreilles le conseil de devenir sage. Il en profita pour épouser une toute jeune femme, et après deux ans d'union, il était venu tenter la fortune une fois de plus à Antiparos. Ainsi, tour à tour militaire russe, politique turc ou grec, négociant égyptien, courtier indien, le comte ionien se trouvait maintenant viticulteur dans les Cyclades. On ne peut refuser à ce type, qui n'est nullement rare en Orient, beaucoup d'activité, beaucoup d'ingéniosité, beaucoup de souplesse et une grande philosophie contre la mauvaise fortune.

Norton vit venir de loin l'insulaire à la rencontre des hôtes qui lui arrivaient; du moins il supposa, et avec raison, que la description des deux Naxiotes ne pouvait, dans toute l'île d'Antiparos, convenir qu'à la seule figure cheminant à cette heure au bout du sentier. Le comte était un homme de moyenne taille, pauvrement vêtu, mais non sans prétention, et qui ne paraissait nullement avoir l'âge avancé que M. Phrangopoulo lui attribuait. Il se montra fort hospitalier, emmena la bande débarquée de *l'Aurora* à sa maison construite au milieu des pierres, lui fit admirer quatre malheureux petits arbres de six pieds de haut, plantés en haie devant la façade, et qui ne pouvaient manquer de devenir grands quelque jour et même d'avoir des feuilles, si le vent leur prêtait vie; montra d'un air mystérieux et satisfait une demi-douzaine de fragments de marbre horriblement mutilés, découverts en posant les fondations de la maison, et fit une longue description des chefs-d'œuvre antiques sur lesquels il se tenait assuré de mettre la main quelque jour. En attendant, il n'avait que de très-mauvais débris de la plus basse époque. La célèbre découverte de la statue trouvée en 1821 dans l'île de Milo est devenue la légende favorite des Cyclades, et il n'est pas dans tout l'archipel si mince rocher dont les habitants ne rêvent la prochaine exhumation de quelque Vénus.

L'île d'Antiparos n'est pas grande; elle possède pourtant un certain nombre de cabanes de pêcheurs, et même elle a un village; mais son attrait est d'un autre genre. Le comte

Mella conseilla à ses hôtes de ne pas perdre une si belle occasion de visiter la fameuse grotte située au sommet de l'île, et tous les officiers se montrant pleins d'ardeur pour l'expédition, Norton, charmé de courir la campagne auprès d'Akrivie, acquiesça avec empressement au vœu général. On envoya sur le navire chercher des hommes de renfort, des cordes, des échelles et des torches, et l'on se mit en route.

Aucune île grecque n'est si absolument dénudée qu'elle ne possède quelque peu de verdure à l'intérieur, et, comme ces belles personnes à qui le moindre ornement suffit, le plus petit buisson donne soudain à un coin de paysage une grâce inimitable. La région parcourue par les promeneurs était extrêmement accidentée; c'étaient toujours de grandes masses de marbre blanc, ici tachées de noir, là d'une couleur de rouille qui atteignait les tons orangés les plus vifs; des arbustes épineux tordaient, dans les angles où la terre végétale avait pu maigrement se former, leurs rameaux gris piquetés de feuilles minces, lancéolées, peu colorées; le long des ravins, où pendant l'hiver coulaient des torrents tumultueux et

colères, mais dont en ce moment il ne restait
pas une goutte d'eau, se dressaient, par touffes
épaisses, de beaux lauriers luxuriants; pourtant ce luxe ne se révélait que quand on l'avait
cherché avec peine; belle image de la gloire,
elle ne se rencontre pas sur les sentiers faciles. Charles Scott, l'aspirant écossais, trouva
pourtant moyen de cueillir deux bouquets. Il
offrit le premier à Akrivie en rougissant jusqu'aux oreilles, au passage d'une sorte de petit
défilé où il crut n'être vu de personne; le second, elle le trouva le soir auprès de son lit,
le coupable l'ayant remis à Thompson avec
l'horrible mensonge que la jeune demoiselle
l'avait cueilli elle-même, et qu'il s'était chargé
de le porter. De sorte qu'Akrivie eut ce jour-là,
dans l'état-major de *l'Aurora,* deux amoureux et une foule d'admirateurs. Norton s'apercevait qu'il avait un rival; mais il n'en était
point inquiet, et loin d'en concevoir de l'humeur, il sentit augmenter sa sympathie ancienne pour l'audacieux, son protégé de tout
temps. La mère de Charles Scott, veuve d'un
clergyman et sans aucune fortune, possédait
deux enfants, une fille aînée, Effie, à peu

près de l'âge d'Akrivie, et Charles. Pour élever celui-ci et lui faire obtenir son entrée dans la marine, il avait fallu bien des efforts et une longue résignation à bien des misères. Charles le savait non-seulement par ses yeux, mais par son cœur, et vivre pour sa mère et pour Effie était le grand mobile de son âme et un but toujours présent à ses pensées. Il n'avait d'autre idée que d'arriver à faire l'existence aussi belle que possible à ces deux êtres chéris. Pas de palais qu'il n'examinât d'un œil critique et ne se promît d'acheter, s'il en valait la peine, afin d'y loger ses idoles un jour. Il ne prétendait rien leur rendre, et voulait tout leur donner. Quant à lui, il était résolu à ne point se marier, pour s'occuper uniquement des enfants d'Effie lorsqu'elle aurait épousé le plus jeune, le plus beau et le plus riche des membres de la chambre des lords. A la vérité, Akrivie venait de faire sur lui une impression qui le bouleversait; mais il trouvait que la jeune Naxiote ressemblait à Effie. Norton s'en douta, et dit au jeune homme :

— Scott, ne trouvez-vous pas que cette jeune personne rappelle Effie?

— Oh! oui, monsieur, répondit l'aspirant en rougissant jusqu'aux oreilles.

Les choses eussent été au mieux, si pendant la promenade un autre aspirant ne s'était permis quelques plaisanteries audacieuses sur la préoccupation de son camarade. Il en résulta une bataille à coups de poings où Charles fut l'agresseur, et il mit une colère si chaude dans l'action, qu'il fallut lui arracher des mains son malheureux adversaire, les deux yeux noirs et la bouche saignante. Le docteur, seul confident de cette équipée, que l'on sut dérober à la connaissance du second, observa judicieusement, en bassinant le visage de la victime, que partout où Vénus se faisait voir, Mars n'était pas loin. C'était un homme damnablement classique que ce vieux docteur; mais il n'en raconta pas moins avec aplomb au terrible second que ce maladroit Georges Sharp s'était laissé tomber sur des pierres.

Cependant on était arrivé au point culminant de l'île, et l'ouverture de la grotte, déjà aperçue du pied du dernier piton, se présentait dans toute sa majesté aux regards des visiteurs réunis sous sa voûte. C'est une immense coupole taillée par la nature en plein marbre, et qui ne paraît pas profonde surtout parce qu'elle est haute. On disposa les cordes, on alluma les torches, et les matelots, les premiers hommes du monde pour les expéditions de ce genre, se mirent à préparer la descente sous la direction savante d'un des lieutenants qui connaissait les lieux.

On peut à la rigueur comprendre que les géologues ou les naturalistes, gens à prétentions dans ces matières et habiles par état à découvrir des clartés dans des trous noirs, soient autorisés à descendre en de tels endroits sauvages; mais les autres humains n'ont rien à y faire. Les savants pensent rencontrer là un butin quelconque; s'ils se rompent le cou ou quelque membre, ils ne sauraient être absolument ridicules; on n'en pourrait dire autant de leurs ignorants imitateurs. Pour descendre dans la grotte d'Antiparos, il faut se glisser comme un renard par un des couloirs étroits ouverts au fond, à droite et à gauche de la grande entrée. On entre dans des ténèbres opaques, plié en deux pour ne pas se casser la tête contre la roche surplombante. On se traîne péniblement et dans la position la plus absurde sur une pierre suintante et glissante, et l'on attrape un bout de corde. On s'y cramponne et on se laisse glisser assez bien tant que le plan sur lequel on chemine est incliné; tout d'un coup il devient rentrant, et l'on s'accroche alors aux anfractuosités avec la main qui ne tient pas la corde, cherchant à ne pas aller tomber on ne sait où, puisqu'on n'y voit goutte. Voilà pour le premier chapitre; ce plaisir s'arrête lorsqu'on sent un terrain sous ses pieds. Il ne faut pas se réjouir prématurément; on est sur une corniche étroite, et il est bon de la quitter très-vite. Le second chapitre commence, et en approchant la torche de près et en s'appuyant sur la paroi contre laquelle on vient de glisser, on arrive à une brèche où s'attache une échelle de corde. On en voit la tête, mais au-dessous rien, c'est le vide noir et béant; aucune illumination ne pourrait en faire apercevoir davantage, car on n'a pas encore eu le temps de chasser de ses yeux la dilatation normale apportée quelques minutes auparavant par les rayons du jour.

On est donc sur l'échelle de corde; on descend avec les précautions que l'instinct naturel inspire. Le mur en pierre sur lequel on travaille a suffisamment d'inclinaison pour faire adhérer l'échelle, et si les mains n'ont que fort peu de prise, le bout des pieds en a moins encore ; cependant il est intéressant de ne pas lâcher, car on n'a aucune idée ni de l'endroit où l'on irait choir, ni des circonstances qui accueilleraient l'arrivée en bas. On n'apprécie le fait qu'après avoir réussi à plonger sans encombre dans ce gouffre. On est alors sur une sorte de plate-forme très-restreinte, ruisselant de l'eau transsudée par la roche ; il fait froid comme au fond d'une cave, et l'humidité saisit. De moins en moins on se trouve à l'aise ; l'air est lourd et chargé de vapeurs. Les torches qui brillent çà et là et l'habitude déjà prise des ténèbres vous font découvrir assez vite que vous n'êtes pas au bout. Vous vous baissez, vous saisissez une autre corde liée à l'anfractuosité d'une pierre, et de nouveau vous vous laissez glisser. Cette fois, vous en avez fini avec ce mode de locomotion par suspension dans le vide. On est arrivé sur un terrain fortement incliné et composé uniquement d'angles aigus très-saillants, c'est-à-dire qu'on a à franchir un semis de gros quartiers de marbre tranchant tombés de la voûte, et sur la pointe desquels il s'agit de marcher en équilibre. On s'éreinte, et c'est ainsi qu'on parvient tout au fin fond de la caverne; là, on lève la tête, et on est dignement récompensé de l'ineptie de tant d'efforts : on ne voit quoi que ce soit qui vaille la peine d'être cherché à trois pas.

L'élévation assez haute de la voûte manque de caractère, d'abord parce que c'est de ce lieu même que l'on est descendu, et l'on en garde rancune, ce qui tue radicalement toute cette part de sympathie sans laquelle il n'y a pas d'admiration ; ensuite parce que l'œil peut monter aisément jusqu'au dernier comble en suivant des entassements successifs de débris et des circonvolutions multipliées de corniches rompues et sans proportions aucunes. L'espace compris sous cette calotte mal agencée serait peut-être vaste, mais il ne le paraît pas ; il est interrompu dans le milieu par de trop grands éboulements formant une foule de compartiments assez petits, et le long du rocher, les stalactites pendantes, croulantes, éparses, ont formé une série de cabinets particuliers, parfaitement semblables à ces arrière-caves où se conservent les vins estimés précieux. Quant aux stalactites elles-mêmes, ce sont ces laideurs connues dont raffolent partout les amateurs des merveilles de la nature : une contrefaçon du sucre de pomme figé hors du moule; quelque chose de coulant, d'informe, de gauche, large mal à propos, mince à contre-temps, et avec des prétentions larmoyantes. La seule chose qui console un peu de l'ennui qu'on éprouve, c'est de rencontrer des inscriptions fort éloquentes sur la bêtise organique de la race humaine. Une surtout est remarquable. Au fond d'un recoin, au revers d'une des grosses stalactites, s'étale la phrase suivante : « Hélène de Tascher, femme incomparable! trésor du marquis de Chabert!—1775. » Il faut que le marquis de Chabert ait lutté bien malheureusement contre une indiscrétion naturelle irrésistible, pour s'être vu contraint d'y céder au fond de la grotte d'Antiparos. Le courage malheureux a peu de traits plus touchants.

Quand les officiers anglais eurent assez vu qu'il n'y avait rien à voir, on remonta, et, par parenthèse, s'il n'est pas commode de descendre, l'opération retournée est encore plus laborieuse. Heureusement, les accidents se bornèrent à quelques chutes sans gravité et à des pantalons compromis. Norton avait cru devoir sacrifier quelques instants, qu'il aurait pu passer assis à l'entrée de la caverne auprès d'Akrivie, à la convenance de ne pas abandonner son monde. Il en fut quelque peu récompensé par l'effet terrible que les récits de l'énorme difficulté de l'entreprise, offerts par le comte Mella à l'imagination de la belle Naxiote, réussirent à produire. Le gentilhomme corfiote en dit tant, qu'au moment où il achevait la peinture de l'écrasement complet de vingt-deux personnes, dont un pacha turc, par les roches détachées de la voûte, Norton, reparaissant avec son monde, apparut comme un héros et fut reçu avec d'autant plus d'enthousiasme qu'Akrivie, tenant la perte de l'état-major, commandant en tête, pour un fait consommé, se demandait déjà comment elle pourrait retourner jamais à Naxos. Elle fut si expansive dans sa joie, que Norton, qui n'en soupçonnait pas la cause véritable, sentit naître en lui une vague espérance, et déjà porté à surfaire ses progrès dans l'esprit de sa belle au bois dormant, il commença à perdre quelque peu de son sang-froid. A dater de ce moment, il crut possible de devenir quelque chose aux yeux d'Akrivie.

L'effet immédiat de son illusion fut de l'exalter, et son humeur en devint communicative et charmante; mais il n'est pas toujours heureux d'être heureux. On tombe hors de garde et on néglige trop les précautions en cheminant au travers des épines du monde. Quoi qu'il en soit, Henry était désormais dans cette disposition qui fait apercevoir toutes choses sous un jour si brillant, que longtemps après l'instant où l'on a senti de la sorte, on se souvient des moindres détails, des moindres accidents, des moindres faits comme des plus délicieuses apparitions que la vie entière ait pu fournir.

La visite à la grotte avait pris un temps considérable, et, de retour à la plage, il fallut se presser de faire des adieux au comte Mella et de retourner à bord, afin d'aller trouver un dîner préparé avec toute la magnificence dont le cuisinier des officiers était capable, car, à la demande de l'état-major, Norton avait consenti à accepter pour ses hôtes et pour lui l'hospitalité du carré.

Le moral des officiers de marine subit par la vie de bord une double influence. Dans les premières années du service, l'ennui des longues journées monotones est heureusement combattu par l'amour du métier; cependant il pèse quelquefois beaucoup, et alors tout ce qui vient changer le régime ordinaire est ardemment accueilli et goûté avec transport. Plus tard, l'amour du métier n'existe plus; l'officier ne continue à servir que parce que la nécessité l'y contraint; il est dégoûté mais résigné, et dans cet état déplorable de l'âme, qui n'est autre que l'abattement de la servitude sans espérance, la seule consolation, l'unique adoucissement est précisément cette monotonie morose qui, au début, était l'inconvénient de la profession. C'est pourquoi les vieux officiers ont une horreur marquée pour tout ce qui vient modifier ou interrompre le cours régulier de l'existence navale, et ils détestent le séjour des étrangers, et plus particulièrement encore celui des femmes au milieu d'eux. Cela trouble la paix de la tanière, et force bon gré mal gré à penser à quelque chose.

Par une fortune singulière, il n'y avait pas de vieux officiers à bord de l'*Aurora,* de sorte que tous sentiments répulsifs du genre de ceux que je viens de décrire en étaient absents. Charles Scott, l'aspirant, n'était pas le seul à s'attendrir en secret sur les perfections d'Akrivie et à pousser des soupirs. On prétendit plus tard que le vieux docteur lui-même rêva dans la nuit qui succéda à ce jour mémorable qu'il trouvait une plante nouvelle sur la plage de Milo, et qu'une voix céleste se faisait entendre et lui commandait de désigner sa découverte à l'attention des botanistes sous le nom d'*Akrivia incomparabilis*. En un mot, le navire de Sa Majesté Britannique flottait sur les eaux tout parfumé des sensations les plus discrètes et les plus délicieuses.

Soit par réaction de la sympathie générale, soit que, peu à peu, elle se trouvât plus à son aise, Akrivie, en vérité, montrait à chaque instant aux yeux ou à l'imagination de Norton des grâces et des mérites de plus. Il s'aperçut qu'elle avait une nuance de délicatesse et d'enthousiasme dans tout ce qu'elle expliquait ; elle ne savait pas grand'chose, et pour mieux dire elle ne savait rien, mais elle sentait bien et avec justesse, et son langage était rempli d'observations qui faisaient sourire quelquefois, mais qui plaisaient singulièrement. Elle n'allait pas chercher les petites choses ; elle courait au-devant des grandes, et ne les comprenant pas toujours, elle les regardait volontiers. Norton la comparait de plus en plus aux généreuses filles de Priam, que le soin de conduire un cheval à l'abreuvoir ou de mêler le vin et l'eau dans les amphores n'humiliait nullement. Cette disposition de la fille de Naxos à s'exalter pour les choses belles ou qui lui apparaissaient telles, eut une occasion naturelle de s'exercer vers le soir du lendemain. La nuit était venue, et l'air relativement obscur, bien que pénétré de la lueur générale des étoiles, étendait sur la mer une teinte bleue d'une douceur uniforme, quand on vit poindre à l'horizon une clarté rouge comme le sang.

« Voilà le volcan de Santorin ! » dit Norton en étendant le bras, et il regarda la jeune fille, curieux de voir la sensation qui allait se peindre sur ce charmant visage.

Son espérance ne fut pas trompée. L'effet produit fut instantané et sublime. Une admiration profonde se marqua dans les beaux traits qu'il examinait avec passion; Akrivie parut grandir devant la merveille offerte à sa vue. Rien de mesquin, aucune curiosité banale, aucune prétention maladroite d'émotion factice, aucune exclamation niaisement admiratrice ne sortit de ces belles lèvres serrées. Tout fut sincère, franc, comme la cause de l'émotion était elle-même digne de l'inspirer. Il ne se peut rien voir, en effet, de plus complétement beau que le spectacle qui s'étala bientôt dans toute sa magnificence aux yeux des spectateurs de l'*Aurora*.

L'obscurité empêchait d'apercevoir les terres de Santorin et des îlots avoisinants, ou du moins son voile les enveloppait si bien, qu'à peine s'estompaient-elles légèrement au milieu des flots, et sur ce fond de même nuance doucement sombre s'élevait majestueusement, pareil à une théophanie et entouré d'un limbe lumineux, le cône immense d'une montagne incandescente. Sur les pentes robustes coulaient à grandes nappes les matières ignées. C'était un manteau de pourpre qui déroulait incessamment de nouveaux plis ; à mesure que l'étoffe enflammée arrivait vers la base, elle se séparait en franges qui semblaient soyeuses, et la couleur se modifiant passait du rouge le plus éclatant aux différentes teintes d'orangé, de jaune vif et de cinabre. Quelques-unes de ces minces lanières se prolongeaient beaucoup plus loin que les autres, et, atteignant le pied du mont, plongeaient dans la mer, où elles ne s'éteignaient pas sans avoir fait jaillir des millions d'étincelles, feux d'artifice permanents qui correspondaient d'une manière admirable avec les explosions constantes du sommet, où d'immenses gerbes phosphorescentes à tout moment projetées faisaient tourbillonner des torrents de fumée opaque, bizarrement éclairés un instant et retombant graduellement dans l'ombre, pour s'éclairer un moment après d'une manière nouvelle. Des mugissements terribles servaient de basse continue à des détonations stridentes, qui accompagnaient les émissions abondantes de la riche matière. Les uns partaient des flancs de la base, des pieds cachés de la montagne; les autres semblaient siffler dans le sommet. Tout ce spectacle était terrible comme la puissance de Jupiter; mais si fort, si grand, si imposant, si sérieux, qu'il commandait la vénération et non la crainte. Akrivie passa la moitié de la nuit sur le bastingage, ne pouvant se détacher des émotions qui la saisissaient si puissamment. Elle ne tarissait pas en questions sur les causes du phénomène, sur ses effets probables. Norton lui expliquait tout de son mieux, et cherchait à lui rendre compréhensibles les résultats les plus simples des théories scientifiques. Il n'y parvenait guère, et il s'aperçut bientôt qu'Akrivie accueillait avec quelque dédain l'exposition des causes trop misérablement disproportionnées, trop humbles pour convenir aux impressions extrêmes dont son âme était possédée. Il démêla sans peine qu'elle aurait cru beaucoup plus volontiers à ses discours s'il lui avait parlé de géants coupables ensevelis sous les eaux afin d'expier leurs crimes, et soufflant leur désespoir, ou de dieux en travail pour étonner l'univers. Probablement, comme bonne chrétienne, elle eût préféré encore que tout cet appareil fût provenu de la puissance de saint Georges ou de celle de saint Dimitri. Le résultat obligé de ce désaccord entre les sentiments et les explications fut que la belle enthousiaste oublia les dernières à mesure qu'elle les entendit, et se composa pour son propre usage, dans le fond de sa pensée, une sorte d'idée vague, obscure, mais très-convenable et très-poétique, de ce qu'était un volcan. Norton fut, en réalité, enchanté de voir qu'elle ne se démentait pas. Les caractères logiques aiment leurs pareils, et l'absurde leur cause moins de peine que l'inconséquence.

On dormit peu cette nuit-là, et le lendemain, au petit jour, la corvette mouillait devant Santorin, en face de la falaise dominée par la ville de Théra. Santorin n'est autre chose qu'une partie de la crête écroulée d'un ancien cratère. C'est un demi-cercle ébréché jaillissant brusquement du sein des eaux, et qui se poursuit à l'est et au sud en une sorte de plaine inclinée qui va bientôt rejoindre l'autre rive de la mer, et qui formait jadis, à des époques antérieures à l'homme, le sommet de la montagne. L'intérieur de l'ancien gouffre a été envahi tout entier par les eaux, et il est si profond, qu'au ras même de la côte la corde trouve soixante, soixante-dix et quatre-vingts brasses de fond. Seulement, à quelques centaines de mètres, une aiguille de rochers s'est maintenue ; c'est le seul point où les navires puissent jeter l'ancre ; en face, à quelque distance, des éruptions volcaniques soit antérieures, soit postérieures à notre ère, ont fait successivement surgir de petits îlots contigus. Un volcan éteint depuis quelques siècles s'élevait au milieu d'eux, quand la nouvelle commotion est venue tout à coup remuer et remanier la configuration de ce sol incertain. Tel est l'aspect général de la rade de Santorin. Quand le temps est mauvais, il est presque impossible d'aborder dans l'île, car les embarcations seraient broyées sans rémission contre la falaise.

Ce jour-là, heureusement, rien de semblable n'existait, de sorte que le canot du commandant de l'*Aurora* aborda sans difficulté sur le rebord étroit servant de débarcadère. On prit des chevaux pour monter jusqu'en haut, et en suivant une route appliquée en lacets multipliés contre la roche peu solidement agglomérée et où les éboulements sont fréquents, on arrive à se hisser jusqu'à Théra après une marche d'au moins une demi-heure. M. de Moncade avait là, ainsi que son ami, quelques parents à visiter. Santorin faisait partie autrefois du duché des Cyclades, et compte, comme Naxos, quelques familles d'origine franque. Mais la destinée a traité plus favorablement le territoire pourvu de vignobles célèbres que son ancien chef-lieu. A Santorin, on est riche, on a des communications fréquentes avec Syra, sinon avec Athènes; et les relations constantes avec Constantinople, même avec Odessa, où se vendent presque tous les vins du pays, rapprochent la population des habitudes du reste de l'univers. Il ne faudrait cependant pas se figurer de l'excès sous ce rapport.

Les maisons ressemblent à celles de Naxie; elles sont construites de la même façon et pour les mêmes besoins. Ce sont toujours les grandes salles voûtées accompagnées d'une ou deux petites chambres, et les mêmes précautions contre l'irruption brusque des pirates, et cette façon de vivre dans une rue qui n'est qu'une cour commune. On fut reçu avec l'hospitalité aimable et affectueuse ordinaire partout dans les îles grecques. Il fallut goûter et admirer le vin, richesse du pays; entendre les lamentations sur le tort que les exhalaisons du volcan causent aux vignes, et les dangers dont il menace la santé des habitants, car il a développé beaucoup de maladies d'yeux en remplissant l'air d'une poussière impalpable, mélange de pierre ponce et de soufre. Il fallut aussi gémir sur l'ennui des coups de vents, maîtres turbulents de cette hauteur abandonnée à toute leur furie, et quand on eut rempli ces différents devoirs et embrassé les parents, arrière-parents et amis qui se présentèrent, on se hâta de redescendre, pour aller, dans les embarcations, aborder à l'autre côté de la rade, le point principal de la visite et celui qui promettait le plus d'amusement.

Tout se montra bientôt nouveau, singulier, attrayant, dans cette expédition. La mer, absolument jaune et d'un jaune d'or, charriait des masses de pierres ponces; dans les premiers temps de l'éruption, on y avait vu flotter des amas de poissons morts; les restes de petites maisons, servant pendant l'été d'établissements de bains, avaient été graduellement submergés par les flots ou engloutis sous les matières volcaniques; un quai venait d'être achevé, et désormais il plongeait sous la mer; enfin des pierres noires d'où se dégageait une vapeur sulfurique étaient en mouvement perpétuel, et, poussées en dessous, tantôt elles s'élevaient par un mouvement ascensionnel en ligne verticale, tantôt, mal étayées, elles s'écroulaient, roulaient dans la mer et élargissaient ainsi la base de l'îlot en voie de formation, qui pourra devenir très-grand un jour, s'il ne disparaît à l'improviste. Tout cela était noir comme l'encre, fumeux, brûlant à ne pouvoir toujours y poser la main, et à l'entour l'eau était bouillonnante; si l'on était tombé dedans, on s'y fût brûlé.

Gravir sur le cône igné aurait été impossible. Outre que la base même en était formée de cendres brûlantes, les ruisseaux de feu s'y promenaient de toutes parts et eussent rendu l'entreprise insensée. Mais il y avait moyen d'aller considérer le géant d'assez près en montant jusqu'au sommet de l'ancien cratère, qui lui fait face. C'est ce que Norton proposa immédiatement aux hommes. Akrivie se sentit le courage si haut, que sa nonchalance habituelle ne réclama même pas quand elle supplia son père et son parrain de lui permettre de les accompagner. On se mit donc en route tous ensemble, Akrivie s'appuyant dans les passages plus difficiles sur ses deux guides naturels, quelquefois acceptant l'aide que Norton, toujours à son côté, était prêt à lui donner; quelquefois aussi dispensant, sans y penser, cette faveur à Charles Scott, qui en savourait la douceur jusqu'au fond de son âme. Cette ascension n'est pas ce qu'on peut appeler pénible, mais elle est fatigante, parce que jusqu'aux deux tiers de la hauteur on marche dans des cendres fines et mobiles, où le pied enfonce profondément. La pente est semée de quelques arbustes buissonneux, où l'on pourrait se retenir si l'on venait à glisser, et on ferait bien d'user de cette précaution, car la montagne, de même que la falaise de Théra, plonge immédiatement dans une mer profonde. On n'oublie pas, en outre, que sur ce point l'eau est brûlante.

Quand on a gravi la zone incinérée, on a des pierres plates à franchir, puis des aiguilles pointues à contourner, et on se trouve alors sur un vaste plateau tourmenté, rempli de creux, de fissures, de trous, d'où sortaient jadis les déjections volcaniques. Ici, tout est brûlé, rôti, marqué de plaques rouges ou jaunes, bouleversé de mille manières; les rochers bousculés, jetés les uns sur les autres, présentent les restes brutaux d'une scène de violence inouïe; les fragments gros et petits de soufre natif couvrent le sol, et comme pour montrer que tout n'est pas fini et que ce qui a été pourrait bien arriver encore, çà et là, au revers d'une paroi calcinée, sort, menaçante et sombre, une colonne épaisse de fumée, dont les flocons vont se perdre dans le bleu de l'atmosphère.

Mais on avait autre chose à voir que le passé et l'avenir; les splendeurs du présent s'étalaient vivantes et turbulentes à quelques toises de distance en face même du plateau. En se penchant sur le bord septentrional, on se voyait surplombant au-dessus d'une grande vallée pareille à quelque profondeur d'enfer, grise, sombre, démontée de toutes parts, ombragée par le reflet sinistre des grandes ombres que projetait aux alentours le panache de fumée balancé sur le sommet du volcan tout voisin et opérant librement en face de ses œuvres. On le voyait à chaque seconde se crevasser et s'ouvrir à de nouveaux courants de feux. Le bruit était si épouvantable, qu'il fallait se parler ou plutôt se crier mutuellement dans les oreilles pour parvenir à s'entendre, et encore, quand le monstre prenait sa voix de tête, était-on forcé d'attendre qu'il eût fini ses exclamations. A chaque instant, il lançait au hasard des volées de pierres ponces, de pierres à demi calcinées, de cailloux tirés du fond de ses entrailles, et il fallait se tenir en garde contre cette meurtrière libéralité. Rien de plus imposant et de plus majestueux. Des heures s'écoulèrent dans cette contemplation. De même qu'un rêveur assis sur une plage attend constamment qu'une vague succède à une autre vague et ne s'aperçoit pas de la fuite du temps, de même ici, Akrivie, Norton et la majeure partie de leurs compagnons ne se pouvaient lasser de voir les puissantes explosions déployer leurs colonnes immenses et faire tomber au large leur pluie de projectiles ; et quand une crise était finie, ils attendaient l'autre. Il faut dire cependant que quelques-uns des officiers, plus prosaïques, avaient déjà décidé M. de Moncade à descendre avec eux longtemps auparavant, et que ce groupe de gens positifs fut retrouvé plus tard, assis à l'abri d'un buisson, à proximité du canot, et mangeant avec une vive satisfaction du plumcake arrosé de gingerbeer.

Enfin tout finit ; il fallut s'en aller. Norton pensa avec chagrin que peu d'heures allaient s'écouler, qu'on reverrait Naxos, qu'Akrivie retournerait dans sa maison au milieu des lauriers-roses, et que lui avec l'*Aurora* s'en irait continuer à vivre comme il avait vécu jusqu'alors, emportant un souvenir qui lui rendrait tout pénible en lui faisant sentir, plus encore que par le passé, les côtés fastidieux de son existence. Il avait réussi, en examinant ses impressions d'Antiparos et par la confiance plus grande d'Akrivie, à multiplier les raisons qu'il avait cru avoir d'être sinon aimé, du moins remarqué. Norton n'était pas un fat, et ne se laissait pas aller volontiers aux suggestions de ce genre d'amour-propre. Se croyant distingué quand il aimait, et comparant ce qu'il supposait être l'état de l'âme de la jeune fille à l'idée qu'il se faisait de son caractère, dont il était aussi épris que de sa personne, il se décida, après une mûre délibération, à une demande qui portait au plus suprême degré le caractère du romanesque, par la circonstance aggravante de la préméditation. Un Anglais seul est capable de ces choses-là, et pour bien apprécier ce que fit Norton, il faut comprendre qu'il ne cherchait qu'à mettre en pratique les goûts de beaucoup de ses compatriotes.

Dans les pays les plus lointains du globe et préférablement dans les plus excentriques, on est presque assuré de rencontrer un de ceux-ci, établi bravement au sein de la solitude la plus complète que les circonstances locales ont pu lui permettre de trouver. Rarement ce solitaire est un homme du commun; le plus ordinairement, c'est une personne du monde, bien née et bien apparentée, ayant eu, souvent ayant encore une grande fortune; généralement c'est un militaire, un légiste ou un marin. Toujours c'est un esprit cultivé, aux habitudes élégantes qui se sont résumées en un besoin de simplicité presque barbare, mais jamais vulgaire. En réunissant des souvenirs, je pourrais dresser une liste de ces déserteurs du beau monde; j'en ai connu un à l'extrémité de la Nouvelle-Écosse, dans les forêts voisines de Sydney; un autre dans les montagnes de la Mingrélie, non loin de Koutaïs; un troisième dans la contrée tout à fait sauvage située au nord-est de la Grèce, vers la frontière turque; j'en pourrais citer beaucoup dans des pays moins extraordinaires mais tout aussi déserts, et moralement aussi distants de la société britannique. Je conclus en répétant que ce goût pour l'exil et le renoncement est si fortement prononcé chez cette race à personnalité puissante, qu'il atteint même les femmes; lady Esther Stanhope et Zanthe n'ont pas été seules à préférer soit le désert des Arabes, soit Damas, à l'habitation continuée des salons. Norton étant donc en plénitude de ses facultés anglaises, et voyant Akrivie assise dans un grand fauteuil sur le pont, et pour un moment isolée, prit place à côté d'elle et lui dit gravement :

— Mademoiselle, je vous aime, et je voudrais savoir de vous si je puis espérer que vous partagerez ce sentiment.

Akrivie le regarda avec une douceur charmante, et lui répondit : — Oui, monsieur, certainement, je vous aime beaucoup.

Norton se méfia singulièrement de l'extrême facilité de cette déclaration, qui, faite si vite et sans le trouble le plus léger, ne lui parut pas du tout comporter ce qu'il voulait. Il insista d'un air convaincu :

— Je vous remercie infiniment, mademoiselle ; je voudrais pourtant savoir si vous m'aimez assez pour me permettre de demander votre main.

Et comme Akrivie faisait un geste pour lui tendre la main en souriant, il vit clairement qu'elle n'avait encore rien compris, et il ajouta :

— C'est-à-dire pour vous demander de devenir ma femme.

— Non ! répondit brusquement Akrivie, et alors elle rougit profondément, les larmes lui vinrent aux yeux, elle se leva et descendit dans la chambre. Norton resta sur ses pieds, en face des débris de son château de cartes.

Le coup était rude, et le commandant ne s'y était pas attendu. Mais ce sont les moments de crise qui mettent en leur jour les grands caractères. Il envisagea gravement sa situation.

« Si elle m'aimait, se dit-il, elle ne serait pas ce que j'aime en elle, la fille de l'antiquité et de la vie simple, étrangère aux orages du sentiment. Akrivie ne doit aimer que ses parents, son mari et ses enfants; hors de là, le monde n'existe pas pour elle. Je me suis laissé égarer dans les maudites routes de mon éducation moderne. Revenons au vrai. L'épreuve où je viens d'échouer, loin de me détacher de ma résolution, doit m'y confirmer davantage, car je vois plus que jamais à quel point le trésor découvert par moi est pur et sans mélange. Je ne prétends pas chercher les agitations d'une tendresse à l'européenne; ce sont les éléments d'une vie spéciale que je recueille. Ma faute serait irréparable si je n'entrais de suite dans la bonne voie. »

Voyant sur le pont M. Phrangopoulo et M. de Moncade qui se faisaient expliquer la manière de pointer un canon, il alla vers eux et leur demanda un moment d'attention. Sa figure était grave, et ses deux amis composèrent immédiatement les leurs à son exemple :

— Messieurs, leur dit-il, j'ai l'intention de quitter la marine dans un délai très-prompt. Naxos me plaît, et je m'y fixerai. Probablement je m'y occuperai de quelque établissement agricole ; en tout cas, j'y résiderai d'une manière définitive. Comme il n'est pas bien que l'homme soit seul, je désire me marier ; une femme étrangère ne s'accoutumerait peut-être pas aisément dans ma nouvelle patrie ; je préfère donc épouser une fille du pays, et si vous n'y voyez pas d'inconvénients, je vous serais obligé de m'accorder la main de mademoiselle votre fille et filleule.

Ce petit discours fut débité du ton le plus froid. M. de Moncade ouvrit de grands yeux. M. Phrangopoulo se redressa d'un air digne, et, contrairement à ce qui arrivait dans l'ordinaire de la vie, il ne laissa pas son ami prendre la parole, mais répondit ainsi lui-même au commandant :

— Monsieur, je suis flatté de votre proposition, et je vous en remercie au nom de ma famille. Mais je dois vous faire remarquer que ma fille n'a aucune dot, et pourtant notre naissance nous impose certains devoirs dans nos alliances et beaucoup de précautions. Je ne doute pas de votre mérite, je n'ai aucune espèce d'hésitation, vous le pouvez croire, quant à votre honneur; mais je ne connais pas du tout votre respectable famille, et je serais peiné qu'il y eût dans sa condition passée tels obstacles à votre projet que toute ma bonne volonté ne pourrait vaincre. En un mot, monsieur, nous sommes des gentilshommes, et ma fille n'épousera qu'un homme de notre rang.

L'assentiment de Norton à cette déclaration ne se fit pas attendre une minute. Il était fort content de la tournure que prenait sa négociation. Son futur mariage, en cas qu'il réussît, bien que désiré par l'amour le plus enthousiaste, était traité avec la roideur, le formalisme et l'absence de toute manifestation extérieure de sensibilité qui sont assurément les premiers éléments des convenances et leur triomphe.

— Je suis disposé, monsieur, répondit-il à M. Phrangopoulo avec la sécheresse convenable, à vous offrir sur ma famille et sur moi-même les renseignements que vous êtes en droit de me demander; et si vous voulez bien jeter les yeux sur quelques documents et ensuite délibérer entre vous, je serai heureux d'avoir votre réponse ce soir même, car nous allons arriver à Naxos que voici en vue, et il me paraît à propos de connaître votre résolution dernière.

Cela dit, le commandant exposa brièvement sa position sociale, et la justifia par un passage du « Peerage and Baronetage of the United Kingdom of Great-Britain and Ireland »; ensuite il apporta le « Navy List », où son nom figurait entre la désignation de son grade et celle du bâtiment qu'il commandait, et où se passait l'entretien. Il avait fort bien remarqué qu'on ne lui avait pas dit un mot de sa fortune; il voulut éclairer ce point, mais on ne parut pas y attacher beaucoup d'importance, et les deux arbitres de son sort se retirèrent pour délibérer. Pendant ce temps, il se promena sur le pont les mains derrière le dos. L'attente ne dura pas plus d'une demi-heure. Après quoi,

M. de Moncade vint lui annoncer que la main d'Akrivie lui était accordée, et que M. Phrangopoulo était descendu dans la chambre pour informer sa fille de la résolution prise à son égard. Il se passa encore un peu de temps; puis M. de Moncade étant allé voir où en étaient les choses, remonta et pria Norton de venir jouir de son bonheur. Il était accepté, nouvelle charmante qu'il reçut avec le flegme le plus digne.

En retrouvant Akrivie, il vit des larmes sur ses joues. Il lui serra la main :

— Vous ne m'aimez pas?

— Ce n'est pas cela, lui dit-elle en secouant la tête; j'aurais mieux aimé que vous fussiez Hellène.

Ce qui arriva ensuite n'a pas besoin d'être raconté. Le mariage fut fixé à quelques mois de là. Norton devait prendre le temps de rendre son commandement, de donner sa démission et de revenir à Naxos. Toutes ces affaires furent terminées plus tôt encore qu'il ne l'avait espéré.

Il était marié depuis huit jours, quand il entendit le bruit d'une vive altercation entre Triantaphyllon et Akrivie. Celle-ci soutenait à sa belle-sœur que les Anglais étaient d'aussi bons marins que les Hellènes, et comme les raisons pour prouver son dire lui manquaient, elle répétait avec constance : « Je suis Anglaise, moi ! » et y mettait infiniment de fierté.

« Chère fille de Priam ! se dit Norton, elle commence à comprendre qu'elle a un mari. »

Akrivie apprit sa nouvelle langue très-promptement ; elle apprit encore d'autres choses, lut un peu, mais ne s'attacha à rien de tout cela. Son mari lui fit faire un voyage en Angleterre ; elle fut très-bien reçue, et avec tous les honneurs dus à une belle singularité. Il lui arriva même, dans un château du Yorkshire, où elle fut invitée, une sorte d'aventure bien propre à lui faire comprendre tout son mérite. Un délicieux jeune homme lui avoua la vérité vraie sur lui-même ; il passait les nuits à pleurer le triste sort d'une femme si supérieure unie par un destin toujours barbare et aveugle à un homme incapable de la comprendre. Il n'est pas sûr en effet qu'Akrivie comprît très-bien Norton, mais il est incontestable qu'elle comprit encore moins le délicieux jeune homme, et elle s'ennuyait tellement en

Angleterre et d'une manière si visible, que Henry, ne s'y amusant pas beaucoup lui-même, la ramena tout droit à Naxos.

Aujourd'hui elle a deux enfants charmants qui jouent dans les orangers ; elle ne les perd pas de vue, et tient pour non moins certain que l'Évangile la supériorité absolue de son mari sur le reste de la chrétienté.

Pâtissia, août 1867.

LA CHASSE AU CARIBOU.

TERRE-NEUVE.

Charles Cabert était fils d'un homme devenu passablement riche dans des affaires où il était question de zinc. Il avait été élevé au collége comme tout le monde, en était sorti sans plus de science que ses camarades, et, en garçon distingué, s'était fait recevoir membre d'un club où il perdait assez d'argent pour être traité avec considération. Ses amis lui firent connaître des dames, et afin de ne pas se singulariser, il se résolut un matin à épouser une figurante.

Son père avait d'autres desseins, et il éleva contre ce projet une assez vive opposition. Pendant huit jours, le club fut tenu en haleine par les hauts et les bas de cette crise. Charles déclara qu'il épouserait, ou mettrait fin à ses jours par un de ces moyens remarquables que les progrès de la science offrent aux désespoirs modernes. Heureusement une invasion du Géronte irrité, dans son délicieux appartement de la rue Taitbout, écarta cette cruelle alternative. Charles ne se tua pas et ne se maria pas non plus; il consentit à partir dans la semaine pour un pays quelconque. Il est à craindre que l'ancien industriel, fort agité, ne se soit abandonné à une pantomime indigne d'un galant homme.

Certaines situations sont pénibles pour les âmes délicates. Ne pas exécuter une résolution violente, annoncée à l'avance, coûte beaucoup, surtout en présence d'un monde où se trouvent toujours des gens enclins à adopter des interprétations désobligeantes. Au fond du cœur, Charles fut pourtant satisfait que son père eût pris des mesures pour empêcher l'impétueuse Coralie de venir lui peindre les horreurs de la situation d'une amante abandonnée; la tendresse de son cœur en murmura, mais il y gagna du calme. Sa seule affaire resta de décider en quels lieux il allait porter sa mélancolie. Ce point voulait être pesé d'après toutes les règles de l'art.

Avant tout, l'important était de montrer à la galerie l'excès de ses souffrances. Ceci ne pouvait s'indiquer que par la force des distractions auxquelles il aurait recours. Cette considération excluait naturellement l'idée d'un voyage sur les bords du Rhin, en Suisse, en Angleterre et même en Italie. De telles promenades ne sauraient appeler sur ceux qui les exécutent aucune espèce d'intérêt. Il y a peu d'années, en s'enfonçant dans la direction de l'Espagne, on aurait eu plus de chances d'ébranler les imaginations. C'eût été s'exposer, ou mieux, paraître s'exposer à quelques fatigues insolites, et donner à entendre qu'on allait affronter les mœurs dangereuses des imitateurs de l'Impeciñado. Mais depuis la création des chemins de fer de la Péninsule, les illusions de ce genre s'affaiblissent. Après avoir cherché quelque temps, Charles se rappela que plusieurs semaines avant la catastrophe dont il était la victime, il avait soupé chez un de ses amis avec un Anglais bon vivant, lequel avait raconté des histoires de chasse et obtenu un succès estimable par un récit très-embrouillé dont Terre-Neuve avait été le théâtre ; le fait avait été jugé piquant et nouveau. Charles résolut d'aller aussi à Terre-Neuve ; c'était bien préférable à un tour en Orient, qui, dans tous les cas, vous expose à prendre un vernis d'archéologue, inconvénient à éviter. Il annonça sa résolution ; elle surprit. Personne de son intimité ne savait au juste où était Terre-Neuve, preuve frappante de la sagesse du parti auquel il s'était arrêté.

Il se composa un costume de chasse. Les bottines étaient admirables ; justes aux pieds sans les serrer, d'un cuir souple qui ne prenait pas l'humidité, pourvues de semelles fortes sans être dures, couronnées à l'Exposition de 1865. Les courses à cheval devant être fréquentes à son avis, et souvent nocturnes, il fit confectionner des étriers pourvus de lanternes ; une tente d'une invention merveilleuse, pouvant au besoin servir de bateau ou de voiture, s'enfermant dans un parapluie, avec un lit, un pliant, une table, et ne prenant pas plus de place que... ce qui en peut prendre le moins. Inutile de vanter le nécessaire de toilette, il était sublime ! On pourrait toucher un mot des armes : deux fusils, deux revolvers, deux bowieknifes, le tout de la fabrication la plus nouvelle ; mais ce serait trop s'étendre, et il suffit de constater que la somme de ces belles choses, livrées pendant huit jours, dans sa salle à manger, au jugement éclairé de ses amis, persuada Charles, par les éloges qu'elle reçut, de la sagacité et de l'esprit pratique qui avaient dirigé ses choix. Seulement, de tout cela, rien n'aurait jamais pu servir ; il y a de la différence entre la façon dont on juge les nécessités de la vie sauvage chez les fabricants de Paris et ces nécessités elles-mêmes.

Enfin, après avoir, dans un dernier dîner, déploré avec ses compagnons la rigueur de son sort, Charles Cabert monta en wagon et se trouva lancé dans le vaste monde seul avec le souvenir de son amour interrompu et ses inénarrables douleurs. Inutile de dire comment il s'embarqua sur un paquebot de la Compagnie Cunard et débarqua sur le quai de Saint-Jean de Terre-Neuve. Ces sortes de tableaux sont monotones, à moins de circonstances extraordinaires, qui ne se présentèrent pas.

Le jeune et intéressant voyageur était porteur d'une lettre de recommandation pour le consul général de Hollande, M. Anthony Harrison. Sa toilette achevée à l'auberge où il était descendu, il s'empressa de se faire conduire chez l'homme qui devait être son conseil et son guide dans la grande entreprise à laquelle il s'était voué et dont il s'applaudissait de plus en plus d'avoir eu l'idée, prévoyant la gloire qu'il allait en recueillir. Un domestique de l'hôtel le mena à travers des rues pavées à peu près et d'autres qui ne l'étaient pas du tout, jusqu'à un immense magasin construit en planches, où siégeait sur une chaise de paille un homme assez gros, étalant sur son genou gauche un mouchoir de poche de coton bleu et inscrivant dans un carnet grossier des chiffres que lui criaient trois commis. De çà, de là, à droite, à gauche, au fond, sur les côtés et presque sur la tête, des murailles de barils entassés les uns sur les autres contenaient de la morue sèche et salée, précieuse denrée qui fait la fortune de l'île.

— Monsieur Harrison? demanda le touriste en ôtant son chapeau.

— 888, 955, 357, 11, 49, 2453! répondit une voix glapissante de l'extrémité du magasin.

— Monsieur Harrison, s'il vous plaît? répéta

Charles poliment incliné, est-ce ici que je puis le trouver?

— Hein? répliqua brusquement le gros homme au mouchoir de coton bleu. Qu'est-ce que vous cherchez?

— M. Harrison, le consul général de Hollande, je vous prie?

— C'est moi, que vous faut-il?

— Voici, monsieur, une lettre que M. Patterson, banquier à Paris, m'a chargé de vous remettre.

— Passez-moi ça, mon garçon!

— Quelle brute! pensa Charles Cabert; et il donna la lettre.

— Ah! bon! je vois ce que c'est, dit le négociant après avoir lu. Mais je n'ai pas le temps de causer à cette heure. Venez dîner avec moi, et nous verrons ce qui vous convient. Bonjour!

Ce « bonjour » était si péremptoire et ressemblait de si près à un ordre sans réplique de débarrasser le terrain, que presque instinctivement Charles se trouva dans la rue. Sa dignité était justement froissée, et il se résolut à ne pas mettre les pieds chez un malotru de pareille espèce. Cependant il réfléchit que s'il n'allait pas chez ce malotru incontestable, il lui était difficile d'aller chez personne autre, et alors pas de chasse aux caribous ; il ne lui restait plus qu'à s'en retourner à Paris sans avoir rien fait. Cette judicieuse remarque, née de la droiture de son jugement, fit revenir Charles Cabert à des sentiments plus modérés, et décidé à se contenter d'une vengeance épigrammatique, il se tourna vers le domestique de l'hôtel. Celui-ci l'accompagnait et marchait sur la même ligne que lui. Le jeune homme demanda d'un ton méprisant :

— Qu'est-ce que c'est que ce Harrison ?

— Harrison ? répondit l'Irlandais ; c'est un homme comme vous ne devez pas en avoir beaucoup dans votre sale Europe, je vous en réponds. Il a donné cette année cinq cents livres pour les travaux de la cathédrale, mille pour les écoles ! Il fait peut-être travailler, à l'heure qu'il est, plus de quinze cents personnes, et, avec l'aide de l'évêque, pas un homme ne le vaut dans le gouvernement colonial ! Harrison ? Est-ce que vous ne connaissez pas Harrison dans votre pays ? Alors, qu'est-ce que vous connaissez donc ?

— Auriez-vous la prétention de croire, mon cher ami, répliqua Charles un peu stupéfait de l'outrecuidance patriotique de son suivant, que l'on s'occupe à Paris des grands hommes de Terre-Neuve?

— Vous pouvez bien avoir envie de faire les fiers, je ne dis pas, riposta l'homme; il est cependant assez connu que nous vous avons fait mettre les pouces dans l'affaire des pêcheries, et qu'il n'est pas un de vos royaumes ou empires du vieux monde qui ne commence à trembler quand l'Amérique lui parle. Vous imaginez-vous que nous ne le savons pas?

« Ah çà, mais les consuls généraux et les domestiques me paraissent ici fort extraordinaires », pensa Charles. Il garda cependant le silence, jugeant trop enfantin de se compromettre avec un valet de place, lequel d'ailleurs continuait à marcher à ses côtés en sifflant philosophiquement.

A six heures, on annonça au brillant Parisien la voiture de M. Harrison. D'après les précédents, il se préparait à monter dans une charrette; mais ce fut un délicieux coupé dont un groom en livrée marron et jonquille lui ouvrit la portière, et il n'avait pas encore fini d'apprécier et de louer en connaisseur le capitonnage de la boîte roulante, que les chevaux s'arrêtèrent à la porte d'un cottage d'une élégance parfaite.

Au milieu de la verdure, des fleurs, des plantes grimpantes, six marches de granit gris, apportées du continent, menaient à un palier entouré de vitrages où Harrison lui-même, enceint d'un vaste habit bleu, était établi sur ses fortes jambes.

— Oh! oh! mon jeune homme! arrivez donc, arrivez donc! cria l'homme considérable en étendant sa vaste main, dont la circonférence parut à Charles contenir plus de cinq doigts; arrivez donc, vous dis-je, vous êtes en retard! Et tandis que de la dextre le négociant serrait ce que contenait le gant de son hôte de façon à l'aplatir à jamais, de la gauche il saisissait l'infortuné par l'épaule, le faisait tourner sur lui-même avec la facilité d'un tonton, et le mettait en présence de six jeunes demoiselles et de huit jeunes gens dont le moindre le dépassait d'un demi-pied.

— Mes enfants! dit Harrison.

Au fond, sur un canapé, siégeait une respectable dame, remarquable par une dent incisive décidément brouillée avec ses compagnes et débordant la lèvre inférieure de plus de quatre lignes. Cette dame était décorée d'un immense bonnet à coques, et portait avec une majesté douce une robe de soie noire et une montre attachée à une énorme chaîne d'or.

— Ma femme! cria Harrison.

Enfin, contre la fenêtre, debout, se tenait une espèce de géant, quelque chose de pareil au Caligorant du Pulci, un gaillard large comme est long un enfant de huit ans, avec une tête monstrueuse, couverte d'une forêt de cheveux bruns à demi gris, bouclés dru les uns sur les autres, et qui, enveloppé, Dieu sait comme! d'un habit noir dont on eût pu habiller quatre personnes raisonnables, le cou très à l'aise dans une cravate bleu clair, regardait avec des yeux de même couleur la personne du nouvel arrivant.

— Mon ami M. Georges Barton, à qui vous allez avoir affaire! s'écria encore Harrison en terminant le cercle de ses présentations.

Charles était ahuri. Il salua à droite, il salua à gauche; les femmes répondirent, les hommes peu, et l'on passa immédiatement dans la salle à manger.

Un essai de conversation avec madame Harrison amena celle-ci à des confidences. Depuis plusieurs années, elle souffrait de maux de dents extrêmement répétés; elle en décrivit avec douceur les principales singularités, et s'enquit des connaissances de son auditeur dans la matière. Celui-ci s'efforça de répondre à cette confiance en indiquant des spécifiques; mais imparfaitement préparé à une pareille discussion, il se vit obligé, pour ne pas rester absolument au-dessous de son rôle, de toucher quelques mots de la Revalescière Dubarry, et il s'étendait avec conviction sur l'éloge de cette substance, quand le bruit de la conversation générale devint si fort qu'il se tourna à demi pour écouter. Madame Harrison le voyant inattentif, laissa tomber l'entretien avec résignation, et il fut tout entier aux propos qui s'échangeaient avec de puissants éclats de voix, des éclats de rire, des éclats d'indignation et de temps en temps un coup de poing violemment asséné sur la table, ce qui faisait sauter tout ce qui était dessus.

— Et c'est ce que je lui ai dit! hurlait le fils aîné, William. Je lui ai dit : Les presbytériens sont des ânes, et il est très-connu que les méthodistes ne valent pas mieux, et bien qu'aux dernières élections nous ayons consenti à voter à Plaisance pour leur candidat Nigby, ça ne signifie pas que nous recommencerons toujours! Si nous avons été battus dans le dernier vote, c'est que cette canaille s'est laissé gagner par l'argent des puritains!

— Je vous l'avais annoncé d'avance, moi! interrompit Édouard Harrison; mais Henry que voilà prétendait qu'il n'y avait pas de risques.

— C'est à cause de Harriett Poole, s'écria la voix argentine de miss Louisa.

Cette observation suscita un rire général.

— Ce n'est pas à cause de Harriett Poole, et si c'était à cause de Harriett Poole, je ne verrais là rien de plus étonnant que lorsque Louisa passe la moitié de ses journées chez Virginie Beyley pour causer avec Tom Beyley, qui est anabaptiste!

— Ça n'est pas vrai! riposta Louisa en rougissant jusqu'aux oreilles au milieu de nouveaux éclats de rire.

— Ah! ma chère, murmura sa sœur Jenny assez haut pour être entendue, vous savez bien que si!

La voix d'Harrison domina le tumulte :

— Je suis, s'écria-t-il, de cette opinion qu'il faut en finir, et je me promets de dire à l'évêque, en propres termes : Il est fort désagréable, sans doute, de traiter avec les épiscopaux; mais si nous voulons une bonne fois terminer cette question qui touche aux intérêts les plus sacrés de la colonie, je veux dire l'exportation de la morue et la restriction du commerce de la boëtte, il faut mettre sous nos pieds toutes les répugnances, et voter avec Codham et ses amis, du moins jusqu'à ce que la question soit vidée! Et l'évêque me comprendra! Mais c'est assez! Je demande à porter une santé.

Le plus profond silence s'établit; Harrison prit son verre, et debout, la main gauche appuyée sur la nappe, dans l'attitude d'un orateur déterminé à émouvoir une grande assemblée, il prononça le discours suivant :

« Gentlemen and ladies! des philosophes ont

avancé avec raison que, loin d'être une frontière, les fleuves étaient les grandes routes naturelles des nations! Quel jugement porterons-nous donc de la mer, le plus immense de tous les fleuves, et de l'Amérique, assez heureuse pour voir ses rivages enveloppés de toutes parts par cette grande voie naturelle? »

Ici un murmure flatteur salua l'exorde. Harrison continua d'une voix plus haute :

« N'en doutez pas! C'est par la mer que le monde sera régénéré, et c'est l'Amérique qui fera l'aumône d'un peu de sa force, d'un peu de sa vertu, d'un peu de son génie, d'un peu de sa richesse à ce vieux monde souffreteux, et particulièrement à cette misérable Europe, accablée en ce moment sous le fardeau de son ignorance, de sa misère, de son asservissement! »

L'enthousiasme devint énorme; les huit fils avaient les yeux hors de la tête et buvaient coup sur coup, les six filles étaient rouges comme des petits coqs, et M. Georges Barton approuvait en grommelant de la façon la plus encourageante. Quant à madame Harrison, elle porta mélancoliquement la main à sa joue gauche, ce qui sembla indiquer l'invasion de quelque douleur lancinante. Harrison, promenant sur cette scène un sourire d'orgueilleuse satisfaction, continua en ces termes :

« C'est pourquoi, mes chers concitoyens, je vous propose un toast à notre nouvel ami, M. Charles Cabert, lui souhaitant la bienvenue dans notre pays libre, et désirant du fond de mon cœur que les observations qu'il pourra faire et l'expérience qu'il pourra recueillir l'amènent à comprendre la supériorité de nos institutions et la grandeur de notre avenir ! »

L'orateur s'assit, M. Charles Cabert s'inclina pour le remercier, et après avoir vidé son verre, il croyait tout fini, quand M. Georges Barton lui cria d'une voix de Stentor :

— A votre tour, maintenant, répondez !

« Diable ! se dit le jeune élégant, qu'est-ce que je m'en vais leur dire ? »

Tous les yeux étaient fixés vers lui, il fallait s'exécuter.

« Mesdames et messieurs, commença l'orateur d'une voix émue, pardonnez à un étranger obligé de se servir d'une langue qui n'est pas tout à fait la sienne, bien que..., dans ces temps de haute civilisation..., naturellement... tous les hommes soient frères et faits pour se comprendre ! »

Ce début parut joli, et l'auditoire se montrant satisfait, Charles se sentit dans la bonne voie et poursuivit en ces termes :

« Le commerce... non !... si !... je veux dire le commerce et l'industrie éclairés par la science, et la science à son tour suivant les conseils de l'expérience, sont, dans une certaine mesure, à considérer comme les piliers de la société moderne, dont je ne crains pas d'affirmer que l'Amérique, avec ses étonnants travaux..., c'est-à-dire que l'Amérique avec ses étonnants travaux éclairés par la science, est incontestablement le couronnement de la liberté !

— Hourrah ! hourrah ! s'écrièrent Harrison, ses fils et Barton, en se démenant sur leurs chaises. Les six jeunes filles frappaient contre leurs verres avec leurs couteaux. Charles, hors de lui d'un si beau triomphe, s'écria :

— C'est pourquoi, fier de fouler ce sol vierge de toutes les passions qui désolent des contrées moins heureuses, je vous propose la santé de M. Harrison, cet homme si honorable et si pur, de la respectable madame Harrison, le modèle des mères de famille, de mesdemoiselles Harrison, dont les grâces se peuvent passer de toutes les louanges, et enfin de MM. Harrison fils et de M. Barton, ces citoyens si éminents de la plus belle des parties du monde! »

Charles voulut se rasseoir, mais il ne le put pas. Il fut saisi au vol par son hôte, embrassé, passé à un autre, serré dans les bras de tous les assistants, qui le déclarèrent, en hurlant, le plus « jolly boy » qu'ils eussent jamais rencontré, et ce ne fut que couvert d'applaudissements qu'il retomba enfin sur sa chaise.

Avec tout cela, il était tard. Charles songea à prendre congé; mois il apprit que son bagage avait été apporté de son hôtel, et on le conduisit dans une chambre extrêmement confortable, où le maître de la maison, après avoir constaté lui-même que rien ne manquait à son bien-être, le laissa se mettre au lit et se reposer de cette soirée agitée.

La nuit, Charles eut une série de rêves. Il était l'évêque de Terre-Neuve, galopait sur les falaises, en grand risque de se casser les membres, à cheval sur un caribou, lequel caribou se trouvait être un prédicateur wesleyen, qui lui faisait des grimaces, et un nuage de morues salées le poursuivait, criant autour de lui pour qu'il leur fît un discours.

Une si grande agitation, surexcitée outre mesure par tout ce que Harrison lui avait fait boire, se calma vers le matin, et il dormait profondément, quand il fut réveillé par l'entrée de deux personnes dans sa chambre. Les deux personnes étaient Harrison et Barton.

— Encore couché? dit le premier. Je suis fâché de vous tirer de votre sommeil, mais il est tard, six heures au moins, et mes affaires m'appellent. Je n'ai cependant pas voulu partir sans vous annoncer mes arrangements pour vous. Voici M. Barton, mon ami, propriétaire d'un bel établissement pour la pêche des phoques. Il part demain matin et vous emmène. Des caribous, il vous en fera chasser tant que vous voudrez, tuer de la perdrix et du courlieu, pêcher du saumon et de la truite, enfin tous les sports imaginables seront à votre disposition.

Charles voulut remercier, mais Harrison ne lui en laissa pas le temps et continua :

— Il est pressé de s'en aller; cependant, comme nous tenons aussi, nous, à vous garder un peu, il a consenti à ne se mettre en route que cette nuit, à deux heures. Vous passerez la journée avec mes filles, et ce soir nous aurons un petit bal en votre honneur. Allons, mon garçon, frottez-vous les yeux, sautez en bas du lit, et tâchez de vous amuser, puisque vous n'avez que cela à faire!

Sans attendre aucune réponse, Harrison sortit de la chambre avec son ami, qui n'avait pas ouvert la bouche, et Charles, un peu blessé de la façon dégagée dont on disposait de lui sans consulter ses convenances, mais s'avouant toutefois en lui-même que tout était pour le mieux, ne put pas se rendormir et prit le parti de commencer sa toilette, opération toujours longue chez quelqu'un qui se respecte, mais qu'il traîna encore plus que d'habitude, afin de faire sentir à ses hôtes l'étendue de son indépendance.

Je ne sais s'ils le comprirent; mais quand il descendit au salon, il y trouva les six jeunes filles déjà dans de brillants atours, et pas un des garçons, ceux-ci étant, comme leur père, à leurs affaires. Il fut reçu en vieille connaissance, et six jolies mains serrèrent la sienne. Les interrogations sur Paris, sur les spectacles, sur les promenades, sur la mode, commencèrent, s'animèrent, et son rôle devint assez brillant. On apporta le thé, force jambon, viande froide, pain grillé, confitures, le tout pour aider l'estomac à prendre patience jusqu'au déjeuner. Les sœurs le servirent avec une gentillesse infinie; cependant il aurait pu remarquer que les attentions des trois aînées n'étaient que polies, tandis que celles des trois cadettes impliquaient un certain désir de plaire.

Au plus fort de la conversation, et comme Charles essayait de dessiner, d'une main assez inhabile, le modèle d'une chemisette dont il venait de dire des merveilles, la porte s'ouvrit avec fracas, et un jeune homme très-brun, avec des cheveux noirs bouclés, des yeux comme des charbons, une barbe touffue et des moustaches épaisses, se précipita dans l'appartement en poussant un grand éclat de rire. Jenny rougit profondément, se leva, marcha droit à l'arrivant, et ils se serrèrent la main avec un intérêt qui ne se dissimulait pas. Au même instant, Harrison faisait son entrée d'un autre côté.

— Bonjour, mes petites demoiselles, comment vous portez-vous? cria le bruyant personnage si bien accueilli par Jenny. Bonjour, Harrison. Hé, vieux père, comment va cette santé? Très-bien! tant mieux! Tant mieux, vous dis-je! Vivent les amours et la verte Irlande! Ah! c'est vous, monsieur le Français? Charmé de vous voir! Nous parlions de vous tout à l'heure sur le port, et il ne s'en est fallu de rien que je ne vous aie lancé à travers les jambes un article qui, j'en suis sûr, aurait fait tomber le ministère colonial comme un capucin de cartes, et peut-être même renvoyé le gouverneur en Angleterre avec accompagnement de pommes de terre dans le dos!

— Il s'agit de moi! s'écria Charles au comble de l'étonnement.

— Oui, de vous! de vous-même en propre personne! Jenny, mon cher ange, donnez-moi une tasse de thé, je vous prie, et huit tartines!

Jenny n'avait pas cessé de regarder avec l'admiration la plus convaincue et la plus tendre le nouvel arrivé, depuis son invasion dans la chambre; elle s'empressa de le servir, pendant qu'il continuait son explication.

— Oui, vous dis-je, j'allais vous empoigner dans mon journal *l'Informateur commercial*, et voilà comme j'avais l'idée de vous prendre; je débutais ainsi :

« Les gouvernements de l'Europe, à bout de voies, réduits au désespoir par l'intrépide attitude du parlement colonial, forcés de reculer devant les manifestations redoutables d'un peuple libre, se sont décidés à recourir aux manœuvres du machiavélisme le plus effréné. Nous apprenons de source certaine, par nos correspondants de Paris..., — je n'ai pas besoin de vous dire, monsieur Rupert, que je n'ai pas à Paris le moindre correspondant, mais ces choses-là plaisent aux abonnés ! — nous apprenons, dis-je, qu'un nommé Rupert...

— Cabert, dit tout bas la jolie Jenny.

— Cabert? Je vous remercie, Jenny ! Vous êtes toujours la meilleure fille qu'il y ait au monde! « Cabert, Robert, Rupert, Chabert, homme taré, employé depuis vingt ans dans les basses œuvres les plus révoltantes de l'inquisition politique...

— Ah çà, mais! ah çà, mais, monsieur, s'écria Charles.

— Silence, jeune homme, laissez-moi finir. « ..... vient d'arriver à Saint-Jean, dans l'intention déclarée d'acheter la connivence de nos ennemis! Nous sommons l'administration vénale qui nous opprime de nous avouer pourquoi ses conférences multipliées avec ce Ribert?..... » J'en étais là, quand on m'a appris que vous étiez des amis d'Harrison; dès lors, vous êtes des miens à la vie, à la mort! Ayez un procès, je suis avocat; une querelle, je ne manque jamais mon coup! Ne me demandez pas d'argent, je n'en ai pas; mais prêtez-m'en si vous voulez, je ne vous le rendrai jamais! Quel malheur que vous soyez l'ami d'Harrison!

— Mais, monsieur, ceci passe la plaisanterie! Vous aviez l'intention de me calomnier de la manière la plus.....

— Eh! laissez donc! laissez donc! Si nous avions pu avec ce coq-à-l'âne réussir à ce que nous voulons, j'avais une position, moi! J'épousais Jenny que voici, et que son crocodile de père ne me refusait pas plus longtemps, sous prétexte que je n'ai rien, et vous ne vous en portiez pas plus mal! Mais c'est assez causer; il faut aller au tribunal plaider pour Hogdson contre Watson; cet imbécile-là, je dis Watson, m'avait apporté sa cause le premier, figurez-vous; mais il n'a jamais voulu entendre à me donner cinquante livres de plus que m'offrait Hogdson; de sorte que j'ai passé à l'ennemi enseignes déployées, tambours battants, mèches allumées, cavalerie cavalcadant, canons sautants.....

L'orateur se mit sur ses pieds et imita ce qu'il décrivait avec un tel entrain, que l'assistance partit d'un fou rire.

— Quel écervelé que cet O'Lary! dit miss Maria en s'essuyant les yeux.

— La gaieté milésienne, mes enfants! Ah! à propos, Jenny, avant que je parte, je vous en prie, je vous en supplie, jouez-moi « la Dernière Rose de l'été », ça me donnera du cœur pour tout le jour.

Jenny s'assit au piano et chanta la chanson irlandaise. Charles n'y prit pas trop garde, car la conversation était plus bruyante que jamais, tandis que les deux amants s'absorbaient dans leur musique. Cependant, tout en écoutant une dissertation passionnée de Harrison sur le prix probable auquel la morue allait monter cette année, il vit qu'O'Lary, assis sur un tabouret à côté de Jenny et accroupi comme un singe, s'était caché la tête dans ses mains, et aux dernières notes du chant, quand il releva son visage, l'avocat avait des larmes plein les yeux. Il se releva brusquement, tira à lui Jenny, la considéra d'un regard plein d'amour et sortit comme il était entré.

La journée se passa à merveille. Les jeunes filles menèrent Charles à la campagne; madame Harrison ne parut pas, et il ne fut pas question d'elle. On mangea, on se promena, et on se mit à table régulièrement à l'heure du dîner, qui fut solennel. Il y avait trente-deux convives, et parmi eux des personnages marquants. Ensuite vint le bal.

Jenny dit à Charles :

— Voulez-vous me permettre un conseil?

— Mais je vous en serai très-reconnaissant.

— Ne dansez qu'avec mes trois dernières sœurs et les jeunes personnes que je vous indiquerai. Celles-là ne sont pas encore engagées ni en voie de l'être, au moins que je sache. En vous adressant aux autres, on vous laisserait faire parce que vous êtes étranger, mais vous feriez de la peine à quelqu'un.

L'idée de ménager les sentiments d'autrui parut si singulière à Charles, qu'il ne put s'empêcher de répondre :

— Mais, mademoiselle, je ne suis pas forcé de savoir que monsieur un tel s'occupe de mademoiselle une telle !

— Vous n'êtes pas forcé de le savoir, sans doute, répliqua innocemment Jenny, parce que vous êtes étranger ; mais je vous le dis, et d'ailleurs, encore une fois, si vous voulez absolument danser avec quelqu'un, je suis sûre qu'on se fera un plaisir..... Pourtant, ce n'est pas l'usage.

En ce moment O'Lary, décoré d'une immense cravate blanche, et montrant ses trente-deux dents par l'effet du sourire le plus jovial, s'approcha en s'écriant :

— Dites donc, Rambert, si vous voulez danser avec Jenny, ne vous gênez pas ; je suis sûr qu'elle en sera très-contente !

— Bien certainement, dit Jenny.

Charles se sentit blessé; il devint rouge et dit d'un ton sec :

— Monsieur, je ne m'appelle pas Rambert, mais Cabert! Cabert!

— Cabert! for ever! hourrah! cria l'Irlandais; et prenant Cabert par le milieu du corps, il l'éleva jusqu'au plafond de la salle, le montra un instant aux conviés, qui applaudirent, et le reposa à terre pour le serrer sur son cœur.

Jenny le détacha de cette étreinte à moitié étouffé, rouge, indigné, exaspéré, et l'entraîna au milieu de la contredanse, déjà commencée. Le mouvement le calma un peu; il comprit le ridicule dont il se couvrirait en prenant au sérieux la façon inadmissible d'un O'Lary. Il se persuada donc de condescendre à une conversation avec Jenny, et celle-ci ne lui cacha pas que, dans son opinion, pas un homme sur la terre ne valait le petit doigt du turbulent Irlandais. Quand la musique cessa, Charles alla faire un tour dans le jardin, afin d'échapper un instant à l'horrible chaleur répandue dans les salles, où la foule s'encombrait, et il vit avec admiration un nombre considérable de couples qui, tête à tête, chacun pour soi et ne pensant qu'à soi, s'enfonçaient dans les allées sombres, ou même entraient dans un kiosque fort obscur, sans qu'aucune mère, aïeule ou tante accourût pour s'en préoccuper.

« Quelles mœurs! » se dit en lui-même Charles avec une vertueuse indignation. Mépriser ses hôtes, leurs amis, la population tout entière, lui causa une sensation ineffable. Il se sentit soulagé. On le comblait d'attentions et on l'étouffait de cordialité; mais on l'offensait à chaque instant. Il était opprimé, et, ce qui est sans doute la plus dure des conditions, il éprouvait l'instinct secret de sa faiblesse, honorable, flatteuse même, puisqu'elle provenait de la distinction exquise de sa nature, mais enfin de sa faiblesse, et partant de son infériorité vis-à-vis de ces natures brutales. On peut imaginer que, dans les temps où les Barbares du Nord envahissaient l'Italie et, de gré ou de force, s'asseyaient dans toutes les chaises curules de l'Empire, les Romains élégants, qui réellement ne pouvaient pas prendre au sérieux des gens pareils, devaient éprouver des sentiments analogues à ceux ressentis par Cabert au milieu des hommes riches de Saint-Jean. Comme il s'enfonçait dans ses méditations avec un surcroît d'amertume d'autant plus marqué que le froissement de toutes ces robes blanches et l'écho de certaines phrases arrivant à ses oreilles lui portaient fort sur les nerfs, une demi-douzaine de jeunes gens l'entoura, et on le pressa de venir boire un verre de vin, ce qu'il ne put refuser. Il remarqua dans la bande un officier qui lui parut assez mélancolique. Comme il lui fit l'honneur de lui trouver l'air distingué, il interrogea O'Lary à son sujet.

— Vous voulez dire O'Callaghan, répondit l'avocat en prenant une physionomie attendrie, que Cabert trouva ridicule au premier chef. Pauvre diable ! il est né ici. Il est entré dans un régiment anglais. Il est devenu amoureux de cette diablesse de Kate Sullivan, la plus jolie fille de l'Amérique assurément après Jenny Harrison. Son corps a été commandé pour la Crimée, et c'était une superbe affaire, car il était à peu près sûr de revenir capitaine, sans bourse délier ; or il lui est assez difficile de délier sa bourse, par la bonne raison qu'il n'en a pas. Mais Kate lui a fait ce petit discours : « John O'Callaghan, si vous restez ici, je vous attendrai, fût-ce vingt ans. Mais si vous partez, je ne réponds de rien. »

— Et il est parti?

— Non, il est resté. Il a permuté avec un autre officier dans une compagnie coloniale, et il n'est pas capitaine; mais il voit Kate tous les jours et il attend.

— Il s'est déshonoré!

— Qui? O'Callaghan? Pourquoi déshonoré?

— Comment! son régiment va se battre et il reste auprès d'une femme!

— Ah çà, vous plaisantez? Quel mal voyez-vous à cela?

— Mais le mal, que tout le monde a dû dire qu'il avait peur.

— O'Callaghan avoir peur? Voilà une bonne idée! Non, mon cher et aimable petit monsieur, nous autres Irlandais nous n'avons pas peur, et nous nous soucions très-peu de l'opinion des sots. C'est le colonel lui-même qui a conseillé à O'Callaghan de rester ici, et il n'y a pas un plus brave garçon dans le monde; et celui qui dirait le contraire pourrait s'attendre à recevoir sur la figure les deux poings d'O'Lary, qui pèsent quelque chose, on vous en répond !

Je voudrais être chez moi, dans la rue Taitbout, pensa Charles. Il en avait assez de toutes ces violences. Mais à ce moment, on vint le prévenir que Georges Barton l'attendait à la porte. Il avait vu le colosse dans le bal avec un habit noir et une cravate cerise à points bleus; il le retrouva sur le perron en bottes de pêche montant jusqu'au ventre, avec un paletot de gros drap qui paraissait bien avoir trois pouces d'épaisseur, un cache-nez en laine tourné un nombre infini de fois autour de son cou de taureau, et un chapeau sans forme et sans couleur. Harrison était à côté de son ami; les huit fils d'Harrison derrière leur père, les six filles devant lui, et peu à peu tout le bal se trouva rassemblé.

— Il est deux heures du matin, dit Barton, il faut partir. Bonsoir la compagnie! Vos bagages sont sur ma goëlette, et vous vous habillerez là pour la mer.

— Adieu donc, mon garçon! s'écria Harrison avec un shakehands formidable. Pardon de ne vous avoir pas mieux reçu! Encore un verre de vin! La vieille femme a mal aux dents et m'a chargé de ses compliments. Versez pleins tous les verres! Y êtes-vous? Gentlemen and ladies, un hourrah pour Charles Cabert... hep, hep, hep, hourrah!

Tout le monde beugla.

— Once more! hurla Harrison, hep, hep, hep, hourrah!

Les vitres tressaillirent, et la maison parut prête à s'écrouler.

— Maintenant, reprit Harrison, retournez danser! J'accompagnerai mon hôte à la goëlette avec mes fils et ceux qui voudront venir.

— Nous irons tous! cria la foule.

O'Lary se précipita tête baissée, saisit Charles par le milieu du corps, l'assit sur son épaule, et, malgré les coups de pied que celui-ci lui assénait dans la poitrine, l'emporta rapidement vers le quai; tout suivit en vociférant des hourrahs!

Arrivé à destination, Charles fut posé à terre; les embrassades recommencèrent. Barton y mit fin en entraînant son compagnon et en retirant la planche qui leur avait servi à gagner la goëlette ; mais tandis qu'il manœuvrait avec les deux hommes formant son équipage, pour se débrouiller hors des nombreux bâtiments au milieu desquels il avait été mouillé et gagner la sortie du port, on entendit longtemps encore des hourrahs! et des « Cabert for ever! » à défrayer toute une élection anglaise.

— Allez m'ôter ces jolies choses que vous avez sur le corps, dit Barton, et mettez-vous en tenue de mer ! Voilà la cabine.

Charles trouva le conseil bon, et entra ; mais à la lueur de la petite lampe pâle qui éclairait la cellule navale, il eut beaucoup de peine à savoir où placer le pied, car le plancher était couvert de paniers de provisions de toute espèce, de bouteilles de toutes formes, bordeaux, champagne, sherry, marsala, eau-de-vie, rhum, ale, porter et spruss, dont la sollicitude d'Harrison avait pris soin d'approvisionner son voyage.

Horrible bête ! pensa Cabert, révolté plus que touché par cette munificence de mauvais goût. Il était si exaspéré contre les gens au milieu desquels il était tombé, et d'ailleurs si épuisé de fatigue, qu'au lieu de changer de vêtements et de revenir sur le pont, il se coucha et s'endormit d'un profond sommeil.

Quand il s'éveilla, il fut comme aveuglé par le jour. Il regarda sa montre. Il était midi. Mais la goëlette dansait horriblement.

Il ne manquait plus que cela, se dit le jeune homme. Un gros temps! Probablement nous sommes en retard, car nous devrions être rendus. J'imagine que ce M. Barton demeure à quelques heures de Saint-Jean; dans tous les cas, voyons un peu.

Charles s'habilla, non sans peine, en luttant contre le roulis et le tangage, et il arriva trébuchant sur le pont. Il pleuvait à verse, et le vent soufflait à décorner les bœufs. Barton était à la barre, couvert de toile cirée et fumant son cigare.

—J'ai bonne chance, dit-il à Cabert en souriant avec aménité; si nous pouvons garder ce même vent pendant trois jours, dans huit jours nous serons chez nous.

— Comment, dans huit jours! s'écria Charles au désespoir. Où allons-nous donc?

— Mais sur la côte ouest, j'imagine, et, à moins que mon îlot n'ait changé de place, à quinze milles de la baie des îles. Où croyiez-vous donc aller?

— Je croyais que votre maison de campagne était dans les environs de Saint-Jean, et si j'avais pensé...

— Maison de campagne! Le mot est joli. Pour qui me prenez-vous? Je vais vous faire voir des choses dont vous n'avez pas la plus petite idée dans votre Europe pourrie. D'ailleurs, puisque vous voulez chasser le caribou, il vous faut bien aller sur la côte ouest.

Le propre des gens vraiment civilisés et raffinés est de se soumettre à leur sort; les barbares seuls sont obstinés dans la résistance. Charles passait sa vie, depuis son arrivée dans ces tristes parages, à constater des faits révoltants, mais en même temps la nécessité de les subir; c'est ce qu'il fit encore cette fois-là, et d'autant mieux, que le mal de mer le prit avec une violence marquée. Barton, qui lui avait proposé d'apprendre quelque chose de la manœuvre afin de se rendre utile, ce qui, disait-il, est toujours agréable, y renonça de bonne grâce quand il vit son passager étendu livide sur le pont et livré à toutes les angoisses d'une souffrance si cruelle. Il le porta sur le lit, le soigna par le punch, par le jambon cru, par le poisson cru, par la pomme de terre, et finit par laisser dormir le patient.

Comme si le temps eût été à ses ordres, le vent désiré se maintint pendant les trois jours. Peu à peu tout se calma, la pluie ne tomba plus continuellement, il y eut des éclaircies ; mais généralement une brume blanchâtre flottait sur les eaux troublées du golfe Saint-Laurent, et les côtes de la Grande-Terre étaient plus ou moins voilées dans le brouillard. Comme la goëlette ne s'en tenait pas loin, on voyait défiler les grèves stériles, les bois de sapins sans grandeur, la verdure ruisselante d'eau, les roches moussues. Ce n'était pas beau, mais très-sauvage. Charles s'ennuyait à cœur joie, et regrettait de toute son âme l'idée qu'il avait eue de se singulariser d'une façon si désagréable. Il maudissait son père qui l'avait fait partir, ses amis qui l'avaient félicité de son plan, et Coralie, cause première de son malheur ; puis il s'endormait.

Le huitième jour, à quatre heures du matin, Georges Barton le réveilla.

— Allons, debout, lui dit-il, on va mouiller tout à l'heure, nous sommes arrivés! Lucy vient au-devant de nous!

— Qui est Lucy? demanda Charles en se frottant les yeux.

— Ma fille, donc! répondit Barton.

Par exception, la journée s'annonçait assez belle. Les nuages ouverts laissaient voir le bleu du ciel à travers leurs déchirures. La goëlette entrait vent arrière dans une baie tranquille, formée par les deux pointes d'un îlot de rocher; pas un arbre, pas un buisson, pas un brin d'herbe. A droite, une grève sur laquelle séchaient des morues; à gauche, deux ou trois magasins en bois, couverts de toile goudronnée; au fond, une assez grande maison à un seul étage, moitié pierres, moitié planches. Quelques hommes circulaient çà et là, clouant des barriques ou faisant quelque gros ouvrage. Des groupes de chiens jouaient dans l'eau, avec autant d'enfants réunis autour des barques tirées à terre. Une embarcation menée à la rame par deux jeunes filles avec la précision que les baleiniers d'une frégate de guerre eussent pu y mettre, arrivait sur la goëlette; une autre jeune fille tenait la barre.

—C'est Lucy, répéta Barton en bourrant une nouvelle pipe, et si vous en trouvez une autre comme elle pour aller au large, par une bonne brise, aussi tranquille qu'au coin de son feu, faire son chargement de harengs là où mes hommes ne prennent rien, je lui tirerai mon chapeau à celle-là !

L'objet d'un éloge aussi enthousiaste accosta vivement la goëlette, et tandis que les deux autres filles restaient dans l'embarcation, Lucy grimpa à bord sans que son père parût même avoir l'idée de lui tendre la main pour l'aider; il ne le fit que quand elle s'approcha de lui, et en manière de caresse cordiale.

—Eh bien, Lucy, ma bonne fille, vous allez comme à votre ordinaire? dit Barton avec un gros sourire. Voilà un hôte que je vous amène de Saint-Jean : M. Charles Cabert, de Paris.

Lucy fit une sorte de salut un peu effarouché. Elle était habillée comme une barbare ! Une robe d'indienne bleue, un fichu de soie rouge au cou. Une servante respectable n'aurait pas voulu de ces atours. Cependant Charles, en faisant cette réflexion avec un juste mépris, ne put s'empêcher de remarquer que les yeux étaient splendides, les couleurs d'une fraîcheur nacrée et rosée incomparable, les cheveux du blond le plus avenant et d'une opulence magique, et tous les mouvements empreints de cette grâce parfaite qui ne s'apprend pas et que la nature seule peut donner aux êtres heureux auxquels elle a accordé une taille sans défauts.

— Vous allez bien vous ennuyer avec nous, monsieur, dit Lucy en levant timidement les yeux sur le nouvel arrivant.

— Ah! mademoiselle, répondit celui-ci....., et il s'inclina, parce qu'il serait de mauvais goût de nos jours de se répandre en compliments vieillis; c'est déjà beaucoup de les sous-entendre.

On arriva rapidement près de terre, et au moyen de l'embarcation amenée par Lucy, on descendit. Barton avait communiqué à sa fille cette nouvelle agréable qu'il lui rapportait de Saint-Jean beaucoup de choses.

— Voyez-vous, ma chère, avait dit le gros homme, j'ai là pour vous une armoire à glace comme la reine d'Angleterre n'en a pas. Huit robes de soie et tout ce que j'ai pu trouver de chapeaux et autres fanfreluches, votre passion à vous autres femmes! Je vais faire débarquer le tout devant mes yeux, et je vous rejoindrai à la maison, où vous conduirez d'abord M. Cabert dans la chambre que vous jugerez la meilleure pour lui.

C'est ce qui fut exécuté. Lucy, avec l'empressement d'une maîtresse de maison pénétrée de ses devoirs, introduisit Cabert dans un appartement assez joli, tout en sapin, plancher, plafond et murailles, et après y avoir porté elle-même, en un tour de main, une table et une commode qui manquaient, tandis qu'une servante prodiguait les serviettes et autres menus détails, elle sortit et laissa Charles en possession de son domaine.

— Belle, sans doute, se dit-il, mais muette comme les poissons qu'elle fréquente, aussi sotte et ne valant pas la dernière des femmes de chambre, ô Coralie!

Il se mit à la fenêtre; ce n'était au-dessous que roche et sable. Un peu au delà, la mer. A droite, les côtes de la Grande Terre avec leurs sapins; à gauche et plus au large, deux immenses montagnes de glace; ces masses blanches semblaient clouées sur les vagues pour l'éternité.

Charles bâilla. Il eut un moment de découragement pénible. Pourtant il se secoua, et commença sa toilette avec l'intention charitable de montrer à ses malheureux hôtes ce que c'est qu'un homme élégant, afin qu'ayant joui une fois dans leur vie de cette brillante apparition, ils pussent ne l'oublier jamais.

Son travail prit du temps et avait bien duré deux bonnes heures, quand il entendit les pas de Barton dans le corridor. Ces maisons de bois sont d'une sonorité désespérante, et on ne saurait remuer à un bout qu'à l'autre on ne l'apprenne.

— Je vous cherche pour déjeuner. C'est dimanche aujourd'hui, et je vous ai envoyé chercher un homme d'esprit, qui causera avec vous à la française tant que vous voudrez. C'est M. John, notre maître d'école. J'ai aperçu aussi au large la yole de mon fils Patrice. Depuis quinze jours, il chasse au Labrador. Comptez sur lui pour vous faire tuer des caribous.

Charles fut un peu blessé de ce que Barton

ne parût pas sentir l'immense distance qui sépare un homme convenablement habillé d'un autre qui n'est que vêtu. Le fait est que le pêcheur de phoques n'y mit pas la moindre malice et n'en eut que plus tort, ce qui ne l'empêcha pas de conduire Cabert tout droit dans le salon.

Un tapis luxueux, des rideaux de soie rouge aux fenêtres, des tables de palissandre, deux corps de bibliothèque remplis de très-beaux livres, et quelques vases de porcelaine avec des fleurs artificielles, une gravure représentant la mort du général Wolfe à la bataille de Québec, telles étaient les magnificences étalées dans la principale pièce de la maison de Barton. Quoi qu'en pût penser Charles, c'était le *nec plus ultra* du luxe réalisé jusqu'alors dans ces parages, et les gens d'imagination vive qui avaient eu le bonheur d'admirer cette installation, la considéraient comme une reproduction très-satisfaisante des splendeurs de Paris et de Londres.

Assise sur un fauteuil de damas rouge, et vêtue d'une belle robe de soie avec des manches et un col de dentelles, Lucy n'était plus ni sauvage ni ridicule, et Charles ne put s'empêcher d'être frappé du charme de cette jeune fille. A côté d'elle se tenait un monsieur extrêmement maigre, à physionomie grave et maladive, mais d'une distinction si saisissante, que le jeune Parisien n'en fut guère moins étonné que des perfections nouvelles qu'il découvrait en Lucy. Cette figure austère, ce front dénudé, cette apparence ravagée lui furent un spectacle inattendu; il eut l'instinct qu'il se trouvait en présence d'un être aussi dépaysé que lui dans ces latitudes, et cette sensation fut accompagnée d'une antipathie subite et d'un mouvement d'aversion bien senti.

Ce personnage singulier était le maître d'école. Comme Cabert n'en sut jamais plus long sur son compte et n'eut pas d'autre nom à lui donner que celui de M. John, il faut, pour l'intelligence parfaite de ce qui se passa ensuite, raconter ce que M. John était véritablement.

Il se nommait sir Hector Latimer, et dans sa jeunesse avait occupé un emploi de quelque importance dans le service civil de la Compagnie des Indes, présidence de Madras. On sait que beaucoup de jeunes demoiselles anglaises, sans fortune, vont dans ces pays avec l'intention avouée d'y chercher des maris. Sir Hector fit, dans un bal donné par le 104ᵉ régiment de la Reine, la connaissance de miss Géraldine Leed, en devint amoureux et l'épousa. Un an après, et comme sa passion allait toujours croissant, il trouva un soir, sur la table de son cabinet, une lettre l'avertissant que sa femme, n'étant pas parvenue à l'aimer malgré d'héroïques efforts, s'était décidée à réclamer l'appui de M. Henry Heaton, du 11ᵉ régiment des fusiliers, et était partie avec lui pour l'Angleterre. Lady Géraldine terminait ce document, écrit de sa propre main et signé de son nom de fille, par l'assurance qu'elle conserverait toujours de la gratitude pour les bons soins de son mari, dont elle reconnaissait n'avoir jamais eu à se plaindre.

Sir Hector donna sa démission, revint à Londres, et se mit à jouer et à boire. Il vécut avec des grooms et des gens de la pire espèce, et prenait le grand chemin de se ruiner, et peut-être de finir devant quelque cour de justice, quand, une nuit où il traversait le Strand, parfaitement ivre, le hasard lui fit rencontrer une voiture, dans laquelle il aperçut sa femme avec l'officier qui la lui avait enlevée.

Cette vue le dégrisa complétement, et la réflexion qu'il fit fut celle-ci : Au cas où elle m'a vu et reconnu, elle a contemplé un être encore plus dégradé qu'elle-même, et je n'ai rien à lui reprocher.

Quelques jours après, il fit trois parts de sa fortune : deux furent remises en son nom à ses sœurs; la troisième, comprenant une rente de cinquante livres, dut être payée à un notaire de Saint-Jean à Terre-Neuve pour une destination inconnue. Lui-même se retira aux environs de la Baie-des-Iles, où il s'était rappelé être venu chasser dans sa jeunesse. Cherchant un moyen aussi humble, aussi abaissé que possible d'expier ses fautes et celles des autres, il se fit maître d'école sous le nom de M. John, et rendit de grands services à la population abandonnée de chasseurs et de pêcheurs établie dans cette contrée. Il vivait du travail de ses mains autant qu'il le pouvait, et sur les cinquante livres que le notaire lui transmettait secrètement, il faisait du bien en se cachant de son mieux. En somme, sir Hector Latimer, protestant, rendait parfaitement témoignage, sans y songer, que l'esprit d'ascétisme et de rude pénitence est profondément empreint chez certaines âmes anglaises, quel que soit leur culte. C'était l'homme qui avait déplu tout d'abord à Charles Cabert, et on ne peut là qu'admirer le tact sûr des divers tempéraments.

On passa dans la salle à manger, et on se mit à table. La beauté de Lucy préoccupait Cabert de plus en plus. Il était l'objet des attentions de la jeune fille, et cela l'enivrait; M. John ne soufflait mot. Georges Barton parlait politique.

— A quel parti appartenez-vous? demanda-t-il brusquement à son hôte.

— Je vous avouerai, répondit celui-ci, que je n'ai pas beaucoup d'opinions. Je laisse ce luxe à ceux qui croient à quelque chose. En général, je fuis les exagérations, et je me borne à souhaiter le progrès et le développement du bien-être matériel. En somme, je penche pour les idées démocratiques, mais je ne me lie qu'avec des hommes bien élevés.

— Quel galimatias me racontez-vous là? s'écria Barton. Vous êtes démocrate, vous?

avec votre redingote pincée et votre raie dans les cheveux? Allons donc! Voulez-vous voir un vrai démocrate? eh bien, regardez-moi, mon garçon! Je suis des Barton du Somerset, et nous sommes passés en Irlande du temps de la reine Bess; depuis cette époque, et cela commence à dater, il ne s'est pas donné une taloche dans le Leinster que nous n'y ayons eu part, soit pour l'appliquer, soit pour la recevoir. Mon grand-père est allé s'établir à la Nouvelle-Écosse; mon père s'est fixé au Canada; moi je suis venu ici dans cet îlot, que j'ai trouvé désert; les Anglais n'ont pas le droit d'y mettre le pied, bien qu'ils en soient souverains; et les Français qui pourraient y pêcher ne sont pas autorisés à s'y établir. Un de vos amiraux m'a dit, l'année dernière : — Monsieur Barton, vous savez que je pourrais vous forcer à quitter la place? — Amiral, lui ai-je répondu, je le sais; mais comme vous n'y auriez aucun profit, vous ne le ferez pas; si cependant vous exigez mon départ, j'embarque mes engins de pêche, mes meubles et mes planches, et je vais m'établir plus haut, en dehors du détroit, sur la côte du Labrador, et, s'il le faut, vers le Groënland!

Car je ne connais ni rois, ni empereurs, ni ducs, ni présidents, ni magistrats. Je suis mon magistrat à moi-même! Je paye ce que je dois, je prends ce qui m'appartient; si l'on m'attaque, je me défends, et j'ai des bras pour m'en servir. Voilà ce que j'appelle un vrai démocrate!

Charles ne put retenir une grimace ironique.

— Ce que vous décrivez là, dit-il, c'est de la piraterie et du vagabondage, mais non pas de la démocratie d'après les principes.

— C'est de la démocratie américaine, mon garçon, et c'est la bonne! Vous voulez parler de principes? Lucy, ma bonne fille, dites-lui quelques mots là-dessus, vous qui avez été élevée à l'école de Saint-Jean, et montrez-lui que nous savons nous servir de notre langue aussi bien que ces bavards d'Européens. Ah! voilà Patrice!

Patrice entra; il ressemblait à son père et un peu à sa sœur. Il posa son fusil dans un coin de la salle, et, sans saluer personne ni souffler mot, il s'assit et commença à manger. La conversation continua.

— Vous parliez d'amiral tout à l'heure, dit M. John d'une voix douce et qui avait quelque chose de musical; je vous annoncerai que, pendant votre absence, Gregory a fait bénir son mariage et baptiser ses quatre enfants par l'aumônier de la frégate.

— J'en suis bien aise, répondit Barton; Gregory et sa femme sont de braves gens et des personnes tout à fait respectables et religieuses.

— Avec quatre enfants en avance d'hoirie, fit observer le sarcastique Cabert.

— Ils n'en sont pas moins bons chrétiens pour cela, répliqua Barton. Nous n'avons sur toute cette côte ni ville ni prêtre, et vous pensez bien que les jeunes gens ne s'en marient pas moins. A vingt ans, on s'aime et on s'épouse.

— Sur l'autel de la nature, dit spirituellement Cabert.

— Comme vous voudrez, mais on ne songe pas à mal. Quand un prêtre passe, souvent après plusieurs années, on lui demande son secours, et cela ne nuit à personne.

Charles ne répliqua pas; le sérieux de Barton lui en imposait, la gravité de M. John le glaçait, la présence de Lucy le gênait pour le développement de sa pensée. Il n'en fut pas moins très-frappé de ce qu'il venait d'entendre, et cela lui fit éclore un monde d'idées.

Enfin on cessa de tenir table, on entra dans le parloir, et Charles resta seul avec la jeune maîtresse de la maison. Il était manifeste que Barton ne voyait dans son visiteur qu'un étranger, chasseur de caribous, dont il s'était chargé par obligeance et par ce goût fastueux d'hospitalité, ordinaire à tous les hommes lorsqu'ils ont peu d'occasion de l'exercer. Mais l'impression produite par la vue du Français sur l'esprit de la jeune fille avait été, dès l'abord, d'une nature différente, et, pour être sincère, il faut avouer que, dans son âme et conscience, Lucy lui avait rendu pleine justice et l'avait trouvé charmant. Comme Cabert ne ressemblait en aucun point aux hommes qu'elle avait pu voir jusqu'alors, il représentait pour elle, à un degré suprême, cette apparition de l'inconnu, toujours si puissante sur les imaginations féminines. Il était de taille médiocre, et elle ne connaissait que des géants; sa figure un peu pâle, ses cheveux fins et rares, sa moustache à peine dessinée, ses favoris clair-semés donnaient à la jeune Irlandaise l'idée d'une délicatesse de nature qui lui sembla presque angélique, en même temps que l'accent un peu aigre de la voix, le plus souvent timbrée par l'ironie, lui parut indiquer, d'une manière certaine, l'expression de pensées décidément supérieures. Ce qui était fort, étant constamment sous ses yeux, lui paraissait vulgaire. Une nature mince et débile devait être le comble de la distinction, et avec cette rapidité d'expression, de sentiment, de résolution qui envahit les êtres voués à la solitude et à la monotonie, elle décida que Charles Cabert était, à n'en pas douter, une créature d'élite, sinon venue du ciel, du moins parente de celles qui en étaient venues, et que le plus souverain bonheur qui pouvait échoir à une femme dans ce monde et dans l'autre devait être de se voir aimée d'un pareil héros de roman.

Quand, dans les villes d'Europe, une jeune fille bien née est, par hasard, touchée d'une intuition de cette espèce, elle sait qu'elle n'a qu'une seule chose à faire, qu'elle n'a au monde qu'un devoir, et un devoir le plus impérieux de tous les devoirs, c'est de penser ce qu'elle peut, mais, avant tout et surtout, et quelle que soit sa conviction, de n'en rien montrer. Sa considération, son honneur, son prestige est à ce prix. Tous les codes féminins dont elle a pu entendre parler sont précis sur cet article. Il n'en va pas de même dans le nouveau monde. Si une femme aime un homme, elle désire l'épouser ; si elle veut l'épouser, il faut qu'elle se charge directement de cette affaire, car c'est une affaire, et la plus sérieuse, et la plus positive qu'elle puisse jamais conduire. Elle se trouve exactement dans la position d'un jeune débutant dans la vie qui préfère la marine au commerce, ou un régiment à un tribunal. Il faut qu'elle cherche à acquérir celui qu'elle a choisi, comme le candidat doit faire tous ses efforts pour gagner son épaulette ou tout autre insigne de la profession par laquelle il est séduit. Si Juliette aspire à Roméo, il faut qu'elle s'arrange de façon à réussir par elle-même et le plus vite possible. Le vieux Capulet n'interviendra que pour offrir sa bénédiction.

Je dois le dire, Lucy ne perdit pas une minute. Elle ne pensait pas vouloir rien de déraisonnable ni de douteux. Elle aimait Charles ; elle prétendait l'épouser au plus vite, et ne supposait pas que ce vœu impliquât rien dont son idole pût être offensée, car elle se savait digne d'être acquise : belle, courageuse, dévouée, tendre, fidèle comme l'or. Pourquoi hésiter? Si le jeune Français ne voulait pas d'elle, il le dirait, et tout serait fini. Il n'y a que les pédants qui prétendent que la logique est la même partout; les idées sont des carrefours d'où descendent une grande quantité de routes fort divergentes.

Charles s'aperçut d'abord des bonnes intentions de Lucy à son égard; mais, partant de la même impression qui agissait sur la jeune fille, il suivit une voie tout autre. Il pensa que, dans un pays où on se mariait provisoirement, risque à ne rencontrer un prêtre et sa bénédiction qu'un nombre illimité d'années après l'union, il était tout à fait explicable que les jeunes demoiselles eussent du goût pour le premier venu. La fille de Georges Barton était une charmante personne, et bien plus excusable, dans le cas présent, que toutes ses compagnes, attendu qu'elle était soumise à une tentation difficile à surmonter. Un Parisien orné de ses grâces, perfectionné par la vie élégante, connaissant à fond les passions, ayant le revenant bon de ses expériences, une pareille perle échouant sur les rives sauvages de la Baie-des-Iles, quelle merveille qu'une jolie main voulût se saisir d'un tel trésor! Le trésor se prêtait à être ramassé, mais non pas serré dans un écrin, mis sous clef, gardé à jamais. L'amour est l'amour, il dure, il ne dure pas, il flambe, il fume, il s'éteint, il se rallume. Que diable! on ne sait ce qu'il devient, et il ne faut pas se lier.

— Non, mademoiselle, répondit Charles en souriant à une question que lui adressait Lucy d'un air ému, non, je vous l'avoue, je n'aime pas la poésie, et en général je ne lis jamais rien! Je suis essentiellement ce que vous appelez en Amérique un homme pratique. Je déteste les rêves et ne me plais qu'aux réalités. Je n'ai jamais lu ni Byron ni Lamartine, et Musset m'ennuierait beaucoup si je le trouvais sur ma table; je ne le tolère qu'au théâtre, où l'on peut au moins, pendant la pièce, regarder dans les loges si les femmes sont jolies, ou causer avec ses voisins. Laissons cela; les idées de chacun n'ont pas besoin de messieurs qui accouplent des rimes pour dire des fadaises, et quand mon cœur est possédé par un sentiment sincère, surtout alors je trouve ces niaiseries extrêmement rebutantes.

— Est-ce que vous aimiez quelqu'un? demanda Lucy d'un air intéressé.

— Je ne suis pas parvenu jusqu'à vingt-trois ans, répondit Charles, sans avoir horriblement souffert. J'ai aimé, j'ai cessé d'aimer, et sans doute le souvenir des tortures que j'ai éprouvées m'aurait détourné à jamais d'affronter de nouvelles épreuves, si je ne sentais en ce moment.....

Lucy rougit et eut une impression de joie céleste.

— Vous n'aurez pas été fidèle? dit-elle avec un sourire que la pauvre enfant voulut rendre malicieux.

— Tellement fidèle, tellement dévoué, que je ne suis ici, auprès de vous, que par ce motif. J'ai tout abandonné, famille, patrie, fortune, bien-être, pour fuir un souvenir déchirant. Mais vous avez raison. Hier, j'étais au désespoir, et, puisque vous voulez la vérité, aujourd'hui je ne le suis plus!

Les choses, comme on voit, allaient vite, et

la question se développait, quand M. John entra. Il venait chercher Charles de la part de M. Barton pour lui faire visiter le jardin, et les établissements de pêche, et les cuves pour la fonte des huiles provenant de la dépouille des phoques.

« Que le diable l'emporte! » pensa Charles.

— A ce soir, dit-il à Lucy.

— A ce soir! lui répondit-elle; et il y avait des deux côtés, dans ces simples mots, un monde de promesses différemment entendues.

Quand Charles eut fait quelques pas avec M. John, celui-ci lui dit de cette voix douce et pénétrante qui lui était particulière :

— Monsieur, je n'ai pas l'honneur d'être de votre connaissance, et vous auriez le droit de trouver mauvais mon intervention dans vos affaires; mais mon âge me prête quelques prérogatives, et dans votre intérêt, je vous engage à ne pas vous croire ici dans un salon d'Europe.

— Je ne m'y crois pas non plus, monsieur! répliqua Charles avec cet accent d'ironie qu'il maniait à la perfection. Il me faudrait une puissance d'illusion que je ne possède pas!

— C'est donc à merveille, repartit froidement M. John ; buvez, mangez, chassez, amusez-vous de ce qu'on vous offre, mais ne commettez pas de méprise, vous n'en comprenez pas les conséquences.

— Ce que je ne comprends pas, c'est votre discours. Voulez-vous que j'en demande l'explication à M. Barton?

Le maître d'école se mordit la lèvre ; Charles pensa que c'était de crainte, et il en rit bien en lui-même, car il croyait deviner que le vieux bonhomme, malgré sa maigreur et son air éteint, avait sournoisement pris feu pour Lucy, et, comme le chien du jardinier, empêchait les autres de manger le dîner auquel il ne pouvait toucher lui-même. Pendant qu'il s'applaudissait de sa sagacité, de sa pénétration et de sa résolution, Barton s'approcha avec son fils Patrice. Il fit faire à Charles le tour de l'îlot, lui en détailla les curiosités, entre autres un carré de quinze pieds environ, où, au moyen de quelque peu de terre à peu près végétale apportée de loin, on avait réussi à faire pousser une demi-douzaine de choux et des plants de rhubarbe. La visite générale achevée, on retourna se mettre à table pour attendre le dîner.

Lucy allait et venait, mais à chaque instant quelque pêcheur, les femmes, les filles de ces messieurs, toutes avec des chapeaux à fleurs et des robes de soie des coupes les plus extravagantes, entraient, s'asseyaient, causaient; ces hommes étaient beaux, ces femmes étaient charmantes; il y avait autant d'honnêteté et de courage dans la figure des premiers que de modestie et de candeur dans celle de leurs compagnes; c'était à merveille; mais Charles s'impatientait de voir sa conversation avec Lucy souffrir tant de retardements.

« Quand je leur dirai à Paris, pensait-il, ce qui m'arrive! C'est-à-dire, en vérité, que je suis comme le fameux César : je suis venu, j'ai vu, ou plutôt on m'a vu, et j'ai vaincu! Le tout non pas en un jour, mais en douze heures, si je puis seulement parler encore un instant à cette charmante entraînée! Ma foi, ces anciens drôles, Richelieu et Lauzun, je voudrais bien savoir ce qu'ils eussent fait de mieux! »

Enfin, à force de manger pour attendre le dîner, le dîner arriva. On se livra sérieusement aux occupations multipliées qu'il vint présenter, et comme M. John devait s'en retourner le soir à la Grande-Terre, Barton et Patrice, qui n'avait pas ouvert la bouche depuis le matin, et dont c'était si bien l'habitude que personne n'y prenait garde, se chargèrent de reconduire le maître d'école dans une embarcation. Charles, à sa joie extrême et presque avec émotion, bien qu'il eût tenu à honneur de n'en pas convenir, se trouva seul avec Lucy.

Il jugea, en homme de guerre consommé, qu'il ne fallait pas là perdre son temps en manœuvres stratégiques, mais bien tout enlever d'un coup de main.

— Écoutez-moi, mademoiselle, lui dit-il d'un ton pénétré; les âmes comme les nôtres n'ont pas besoin de phrases et ne veulent pas d'hypocrisie; vous et moi, nous sommes au-dessus de pareilles sottises. Comme je vous l'ai dit ce matin, j'ai aimé! J'ai aimé une femme divine, parée de toutes les séductions que les arts et l'intelligence peuvent prêter à une créature humaine. Des circonstances, sur lesquelles je ne pourrais m'appesantir sans que mon cœur se brisât, nous ont séparés à jamais. Voulez-vous de cette âme souffrante que je dépose à vos pieds? Voulez-vous me faire oublier un passé que je maudis, et m'ouvrir, de cette main charmante, un avenir plein de félicité et des aspirations les plus pures vers l'idéal?

Ce n'était pas là absolument ce qu'il se figurait; mais la phraséologie moderne exige ces transpositions de sens. Malheureusement, Lucy n'était pas avertie, de sorte qu'elle répliqua fermement :

— Je vous aimerai si bien, que vous ne regretterez personne; et si quelquefois je sens, malgré moi, combien je suis inférieure à cet objet sublime de votre ancienne affection, ce ne sera que pour éprouver plus de reconnaissance devant Dieu, et de joie en moi-même de l'honneur que vous m'aurez fait.

— Ah! Lucy, s'écria Charles, mon destin est fixé à vos pieds!

— Pour jamais! répondit Lucy.

En ce moment Patrice entra, et, s'asseyant dans un fauteuil, regarda fixement Charles Cabert, qui, malgré lui, sentit un léger frisson et fut tout près de perdre contenance.

— Que vous êtes revenus vite! lui dit Lucy. Vous n'êtes donc pas allés à la Grande-Terre?

Patrice leva les épaules et montra la fenêtre:

Lucy s'aperçut alors qu'il y avait un coup de vent. Presque aussitôt Barton parut avec M. John, et comme tout ce monde ne quitta plus le salon, il n'y eut plus d'entretien particulier possible ; seulement, la joie de Lucy était si évidente, elle prenait si peu soin de la cacher, elle avait pour Charles des attentions, des coquetteries et presque des tendresses si vives, que celui-ci en éprouvait le plus cruel malaise, et, en lui-même, se laissait aller à qualifier sévèrement une franchise de si mauvais goût ; il ne fut donc pas autrement fâché quand Barton, après avoir sommeillé toute la soirée, déclara, en s'étirant avec un bâillement formidable, qu'il était temps d'aller se coucher, et on lui obéit.

Charles avait une nature trop fine et trop nerveuse pour s'endormir brusquement, comme les gens grossiers dont il était entouré. Il eût volontiers entonné un champ de triomphe, s'il n'avait professé pour les manifestations bruyantes le plus juste mépris. L'îlot de Barton lui faisait aussi l'effet d'une île enchantée, et il se rappelait quelque chose qu'il avait lu dans la Bibliothèque des chemins de fer sur les enchantements de Tahiti et des territoires adjacents.

Il ne pouvait s'empêcher de rire en pensant à l'effet qu'il allait produire à son club, quand il raconterait ses aventures par terre et par mer. Naguère, il avait compté modestement sur ses exploits contre les caribous ; mais il en aurait bien d'autres à étaler ! Réellement, il vit passer devant ses yeux tant d'images ravissantes, que son imagination en était tout illuminée dans les ténèbres de la nuit, et en dépit de lui-même, de cette nature correcte dont il faisait gloire, il faut le déclarer, il fut poëte ! et tellement poëte, que le matin à six heures, ne tenant plus dans son lit, il s'habilla pour aller sur les grèves mirer son bonheur dans celui de la nature, qui, partout et sous toutes les latitudes, est heureuse.

Il passait devant la porte du salon, quand cette porte s'ouvrit toute grande, et il se trouva en face de Georges Barton et de son fils. Les deux géants le regardèrent avec des yeux étincelants de joie, et l'orgueil du bonheur peint sur leurs larges figures.

— Donnez-moi votre main, mon brave garçon, donnez-la-moi ! Donnez-la à Patrice ! Je vous ai aimé tout de suite ; j'ai deviné d'abord, à Saint-Jean, ce que vous valiez, et c'est le ciel qui m'a conduit au-devant de vous! Asseyez-vous là! Que je suis bête! Un vieux loup comme moi s'émouvoir à ce point! Mais pardonnez au pauvre Barton! Quand vous serez père vous-même, vous comprendrez ces sottises-là!

« Qu'est-ce qu'il veut dire? » se demanda Charles.

— Figurez-vous, continua Barton, qu'hier au soir, après votre départ, cette folle de Lucy m'a embrassé en pleurant, et m'a dit une quantité de choses auxquelles j'ai commencé par ne rien comprendre; à la fin pourtant, elle a conclu, et j'ai compris que vous étiez tous les deux engagés!

Charles rougit, se troubla, mais ne trouva pas un mot à articuler.

Barton poursuivit :

— Eh bien, vous avez raison! Une meilleure fille, un plus grand cœur que Lucy ne se rencontre pas dans l'univers, et je vous vois plus d'esprit dans votre pouce pour avoir deviné cela du premier moment, que tous les philosophes des deux mondes n'en ont dans leur cervelle!

C'est une bonne affaire pour vous; mais je sais que c'en est aussi une fort bonne pour elle. Le vieux Harrison me l'a confié! Votre père est riche, et vous l'êtes vous-même! Voici ce que j'ai arrangé de mon côté avec Patrice. Je pense que cela vous conviendra, car nous sommes des Barton du Somerset, et je n'entends pas que Lucy se marie comme une mendiante. Nous partirons tous demain sur la goëlette pour Saint-Jean; l'évêque lui-même vous mariera; nous vous donnerons tout ce que nous avons dans la banque et nos actions sur le chemin de fer d'Halifax; vous monterez une maison de commerce pour l'exportation des huiles, et que je sois pendu, mon garçon, si, avant que votre fils aîné fasse sa première communion, nous n'avons fait entre nous la plus belle fortune de la colonie!

En traçant ce tableau enchanteur, Barton s'exaltait, et Patrice, qui n'en parlait pas davantage, riait silencieusement en balançant la tête de l'air le plus approbateur.

Charles, épouvanté au plus haut point, et sentant le danger sur lui, la gueule ouverte, lui soufflant au visage, comprit que, s'il ne voulait être dévoré, il n'avait juste que le temps de se mettre en défense.

— Mais, mon cher monsieur Barton, s'écria-t-il, je ne vous comprends pas bien! Je crains qu'il n'y ait en tout ceci un grave malentendu dont je serais désolé, croyez-le bien!

— Quel malentendu?

— Je veux dire un malentendu qui fait que nous ne nous entendrions pas!

— Vous n'êtes pas engagé à Lucy?

— Je ne lui ai jamais dit...

— Qu'est-ce que vous ne lui avez pas dit?

— Je ne lui ai pas dit que je comptais..... D'ailleurs, vous savez, dans tous les cas, il faudrait que je prévinsse mon père, et, sans son aveu, je ne saurais réellement... Il y a des résolutions graves que... Certainement, j'ai pour mademoiselle Lucy une admiration... Mais je croyais que l'usage de ces îles...

— Lucy! cria Barton.

Lucy entra presque aussitôt.

— Fais-le s'expliquer, dit le père; je ne comprends pas un mot à ce qu'il dit.

Lucy regarda Charles avec de l'amour plein les yeux et une candeur absolue. Charles en conclut que c'était un monstre de calcul, de perfidie, de dissimulation, et il se jugea dans un piége. L'amour-propre irrité l'excita, et il dit brusquement à la jeune fille :

— Comment! mademoiselle, est-ce que j'ai prononcé le mot de mariage avec vous? Est-ce que je vous ai dit que je voulais vous épouser?

Lucy devint pâle et balbutia :

— J'ai entendu que vous m'avez offert votre âme, et vous m'avez dit que votre destin était fixé à mes pieds, alors...

— L'avez-vous dit, en effet? interrompit Barton.

Le géant avait prodigieusement rougi, et Patrice, qui s'était levé et s'approchait d'un pas lent, montrait aussi une physionomie peu avenante; Charles les regarda, et se trouva dans la position exacte d'un moineau entre deux milans. Pourtant il se roidit, et, en essayant de rire, il répliqua :

— Mademoiselle, je vous demande bien pardon, si vous y tenez; mais il me semble que, pour une phrase sans importance, vous m'attirez là une scène tout à fait singulière.

— Ah! dit Lucy.

Elle mit la main sur son cœur et tomba sur une chaise, mais elle ne s'évanouit pas. Barton repoussa rudement Patrice, qui arrivait droit sur Charles, dans je ne sais quelle intention.

— Monsieur Cabert, dit le pêcheur de phoques, vous avez voulu tromper une honnête fille. Cela ne se fait point dans nos pays, et je ne crois pas que la loi de Dieu le permette nulle part. Si, maintenant, moi qui suis le père de Lucy, et Patrice, qui est son frère, nous menions M. Charles Cabert, ici présent, dans une barque, et que, pieds et poings liés, avec deux pierres de quatre-vingts livres attachées au corps pour assurer son équilibre, nous allions le jeter à une lieue au large, qu'en penserait M. Charles Cabert?

Charles Cabert était assurément un garçon de courage; mais on ne saurait nier qu'il éprouva à ces paroles un sentiment désagréable. Il s'écria pourtant, bien que d'une voix un peu chevrotante :

— Monsieur Barton, si vous agissiez de la sorte, vous savez que l'officier commandant la station navale française viendrait vous en demander compte.

— Vous voulez plaisanter, mon cher monsieur Cabert! Votre officier ne passera que dans un an, et je vous prie de me faire connaître par quels moyens il serait informé de votre triste sort. Vous êtes dans mes mains, monsieur; vous êtes... peu de chose, monsieur; et si je ne vous écrase pas comme un ver, c'est que je vaux mieux que vous, monsieur!

La porte s'ouvrit, et M. John entra. Ce fut pour Charles un tel surcroît d'humiliation et de chagrin, vu l'antipathie qu'il avait éprouvée d'abord pour le maître d'école, que peu s'en fallut que, dans son désespoir, il n'éclatât en bravades, surtout quand il entendit Barton exposer le cas au nouveau venu, dans des termes crus et peu ménagés, et en prêtant à son malheureux hôte les intentions les moins droites. Je ne sais si réellement celui-ci les avait eues, mais ce lui était une raison pour désirer d'autant moins les voir étalées devant ses yeux.

— Mon cher Barton, ma chère Lucy, s'écria M. John en souriant, et le rire avait une expression si singulière sur ses traits, qui n'y semblaient pas accoutumés, que cela seul commandait l'attention; comment avez-vous pu, sérieusement, vous méprendre à l'amabilité toute française et toute bienveillante de cet excellent jeune homme, M. Cabert? Comment avez-vous pu croire qu'il ait été capable d'une action aussi noire, aussi contraire au respect de l'hospitalité, que celle que vous lui prêtez?

— Mais, reprit Barton, ne vous ai-je pas dit...

— J'entends bien; mais là, vous êtes par trop sauvage, mon cher Barton; et vous, Lucy, revenez donc à vous, mon enfant!

En parlant ainsi, il prit la main de la pauvre fille, la serra, et la garda quelque temps dans les siennes, pendant qu'il fixait ses yeux sur les siens avec persistance. Il continua:

— Si vous accusez de tant de crimes les gens qui disent à une femme : Je suis à vos pieds... je vous offre mon cœur... et autres billevesées pareilles, c'est que vous n'avez pas la plus légère teinte des façons de parler du grand monde.

— Le diable les emporte! cria Barton avec colère.

— Voyons, mon enfant, continua M. John en serrant de plus en plus la main de Lucy, rappelez-vous bien... qu'est-ce que M. Cabert vous a dit, en somme?

— Pas grand'chose, murmura la jeune fille d'une voix faible, et je crois, en effet, que je me suis trompée.

En prononçant ces derniers mots, les larmes lui vinrent avec tant de force, qu'elle cacha son visage dans son mouchoir et sortit en sanglotant. Patrice alla d'abord vers la fenêtre, tambourina quelque peu sur les vitres, et quitta la chambre pour aller rejoindre sa sœur. Barton se promena de long en large, puis tout à coup marcha droit à Charles, et lui tendant la main :

— Monsieur Cabert, lui dit-il, je vous demande pardon. Cette petite fille s'est trompée et m'a trompé moi-même. Voilà tout ce que je peux vous dire ; mais comme, franchement, nous ne sommes pas faits aux belles manières, et que ma Lucy aurait de la peine à vous voir désormais, vous m'obligeriez si vous vouliez vous en aller, je ne vous le cache pas.

— Très-volontiers, répondit Charles.

Il ne fit qu'un bond jusqu'à sa chambre, ferma sa malle, et, sous la conduite de l'odieux M. John, qui lui était plus odieux que jamais, il gagna la Grande-Terre, où une goëlette marchande le prit et l'amena à Halifax, d'où il regagna l'Europe.

Il n'avait ni tué ni vu des caribous; mais il croyait avoir échappé aux amabilités et aux piéges des horribles pirates du nouveau monde, et il s'en félicita longtemps. Ce qu'il racontait surtout de jugements sur Lucy, M. John et le vieux Harrison, était à faire dresser les cheveux sur la tête.

FIN.

TABLE DES MATIÈRES.

Le Mouchoir rouge 1
Akrivie Phrangopoulo 47
La Chasse au caribou. 151

www.ingramcontent.com/pod-product-compliance
Lightning Source LLC
Chambersburg PA
CBHW071950160426
43198CB00011B/1624